Better Hospitality

飲食業クレーム対応のコツ100

小倉博行・宮崎恵子 共著

柴田書店

はじめに

先日、飲食店の店長を務める30代前半の男性、A君と久しぶりに会いました。「クレーム対応って楽しいですね。怒っているお客さまと対応するのは大変ですが、最後に納得して理解してもらえた時の達成感って他にないですよ」と嬉々として話してくれました。

彼と初めて会ったのは、私どものクレームセミナーに参加してくれた時でした。その時の彼はかなり落ち込んでいて、大好きな飲食業の仕事を辞めようかと悩んでいました。子供の頃から人と話すのが好きで、接客業につきたいと飲食業に進んだようです。いざ仕事に入ると、もちろん、多くのお客に会えて楽しいこともたくさんありますが、クレームがつらかったと言います。

先輩からは、クレーム対応のマニュアルを渡されただけでした。クレームが発生した時の基本的な言葉が羅列してあるもので、それを覚えました。もちろん、それでお客が納得することもありましたが、多くは余計、怒らせてしまいます。自分なりに工夫して対応しましたが、結果がついてこないのです。終いには人間不信になり、人と話すことが大好きだった彼も、人嫌いになったそうです。

そんな時、私どものセミナーを受けました。そして、クレーム対応は瞬間的な人間関係づくりということを理解し、自分のコミュニケーション技術を反省し、また、クレーム分析技術を自分のものにしました。何度も同じセミナーに参加してくれました。いまではすっかりクレーム対応のコツを理解したため、冒頭のような言葉が出てくるのでしょう。

最近は悪質なクレーマー、あるいはクレーマーまがいの特殊なお客が増えています。しかし、その裏側には、その何万倍の適切な対応に納得するクレーム客が居るのです。特殊なお客ばかりを気にして、理にかなったクレームをこじらせたら会社・店の成長はありません。クレーム客を観る目を養い、しっかり対応することで、多くの常連客を増やすことができるのです。そのような接客者を育てることが、今後の飲食店経営に不可欠なことではないでしょうか。この本は、接客者をクレームに強い接客者に育てる技術書です。

1章では、いろいろなクレームが起こった時に対処する方法を書きました。経験の浅い接客者でも、その方法で通常のクレームに対応できます。

2章では、クレームとは何かを理解してもらいます。クレーム対応の目的はクレーム客を店のファンに変えることです。クレーム対応を理解することで店のファンも増えるのです。

3章では、クレーム対応のポイントを理解してもらいます。お客に納得してもらえるクレーム対応に欠かせないポイントを述べています。

4章では、クレーム対応の達人になるための、クレームの分析技術を理解します。お客の心理を考えた対応ができるようになるには、不可欠な要素です。

5章では、悪質なクレーマーに対する時の秘訣です。クレームに関しては、常にお客の気持ちを配慮した対応が大切ですが、悪質と判断したならば、毅然とした対応をしなければなりません。その時の強い見方になってくれるでしょう。

なるべく誰でもが理解しやすいように書きました。本書を活用して、クレームに強い接客者がどんどん生まれることを期待しています。

最後に、お忙しい中、取材にご協力いただいた日本菓子ＢＢ協会常務理事海野英治氏はじめ飲食店、販売店の経営者、店長など、具体的な話をお聞かせいただいた多くの方々に御礼申し上げます。また、味わいのあるイラストを描いてくれた竹島未来さんのご協力に感謝いたします。

２００９年１月

コミュニケーションセミナープロジェクト
小倉博行
宮崎恵子

目次

第3章 クレーム対応7つのポイント

第4章 効果の上がるクレーム技術習得法

第5章 悪質なクレームの対処法

カバーデザイン／熊代敬
イラスト／竹島未来
編集／二瓶信一郎

第1章

こんな時どうする

1　量を疑うクレーム

ラーメン屋さんでのこと。若い女性接客者が中年の男性客に呼ばれました。

客「おい、ちょっと」

接「は〜〜い、なんでしょうか」

客「これ大盛りかい？」

接「大盛りで〜〜す」。ニコニコと笑顔の大サービスです。

客「お前、好かん！」

接「えっ」

客「ふざけるな、調子に乗るな！」、席を離れてから振り返ると睨みつけています。

さー、こんな時は、どうしますか？

対応のポイント

①お客の状況に敏感になる

言葉は、その意味するものは何か、何を訴えているかを理解しないと、取り返しのつかない状況になります。「これ大盛りか？」と聞かれた時のお客の表情や語調から、お客がなぜそんなことを言っているか真意を探らなければなりません。この場合はおそらく、大盛りなのに量が少ないのではないか、と不満があったのでしょう。分からなければ自分から質問をします。「お客さま、こちらは大盛りメニューですが、何かございましたか」。

②状況において笑顔は禁物

愛想よくしているつもりでも、お客が不快感を持っている時は逆効果です。笑顔を見て誤魔化している、または、馬鹿にしていると思い、怒りにつながります。お客が不快そうな時は真剣な眼差しで、不満を聞き取ろうとする表情で顔を見ます。

③不満な部分に対する説明の工夫

「大盛りにしては量が少ない」と言われたら、お詫びの言葉をかけます。その後で普通盛りとの違いを説明します。「申しわけありません。こちらの器ですと大盛りです。当店は器の種類で盛りの違いを区別しております。普通の盛りですと、これより浅めの器になっております。こちらはかなり深い器ですので、お召し上がりになると量が多いですよ」。言葉を工夫して理解してもらうようにします。

④不満なお客へはフォローの工夫

不満な態度を見せたお客には、帰るまで注意してよく観察し、不満の種を残さない工夫が大事です。お冷やを注ぎながら「失礼します、いかがですか、かなり量がありましたでしょ」などの言葉をかけ、気持を探りながら不快感を取り除く努力が必要です。

2 食物アレルギーのクレーム

小学生の子供連れのお客が「この料理、ブロッコリーとエビ炒めには卵は使っていない？」と聞いてきました。接客者は料理を思い出し、「大丈夫ですよ、卵は入っておりません」と答えました。料理を提供して30～40分経った頃、「卵が入ってないと言うから注文したのに、こんなにジンマシンが出たじゃない。どうするの！」と騒ぎはじめました。その料理には見た目には卵はありませんが、エビに卵白を絡ませて調理してあったのです。接客者は卵の嫌いなお客と思って答えたのですが、子供が卵アレルギーのため質問したのでした。接客者は意味が分からず驚いています。

さー、こんな時は、どうしますか？

対応のポイント

①すぐに責任者が対応

この場合は、即時型アレルギーの症状が出たのでしょう。アレルギーの種類には即時型アレルギー（食物を摂取して2時間以内に症状が出るもの）と遅延型アレルギー（数時間以降に症状が出るもの）があります。初めはジンマシンが身体の一部であっても、やがて全身に広がることもあります。また、意識がなくなり、アナフィラキシーショックを起こす危険もあります。責任者がお詫びして即、救急受診をしてもらうよう病院へ連絡します。

②情報を知らせる

「何を」「どのくらいの量で」「食事をして、どのくらいの時間」などを医師に伝えられるように、メモにして渡します。

③容態を心配し気づかう対応をする

お客が確認したのに、正確に答えなかったために起きた場合は、会社、店に責任がありま す。容態を気づかい病院へ同行します。また、翌日にお見舞いにうかがい、心配して気づかっ ていることを示し、誠意を表わします。

④食材の使用の質問には必ず確認

食材の使用は、料理を見ただけでは分からないことがあります。分からなければ、質問の あった時、調理に使っている食材を厨房に確認することを徹底します。

⑤アレルギーを起こしやすい食材の一覧表を貼る

接客者全員が、食物アレルギーのリスクのある食材を認識することが重要です。卵、乳製 品、小麦粉、甲殻類（カニ、イカ、エビなど）、そば、ピーナッツなどが代表的なものです。 一覧表にして接客者が覚えられるように工夫し、食物アレルギーに対して関心を持つように 意識づけるようにします。

3 商品の聞き間違えのクレーム

あるケーキ屋さんでのことです。アイスクリームの販売コーナーがあり、テイクアウトができ、人気があります。中年の女性がバニラアイスクリームを注文しました。接客者がお客に「カップとコーンのどちらでお召し上がりですか」と聞いたところ、「カップ」と言われたので、会計を済ませ、バニラアイスをカップに入れて提供しました。

提供されたものを見て、お客が「何これ、私、カップなんて言ってないでしょ、コーンと言ったでしょ、何聞いているの、頼りない子ね」と、周りのお客にわざと聞こえるように大きな声で文句を言われました。

さー、こんな時は、どうしますか？

対応のポイント

①詫び言葉とともにすぐに希望の商品に交換

たとえ、お客の勘違いとして間違いを正しても、証拠がないので水掛け論になるだけです。気分よく交換することにより、購入したお客や、また周りで目撃したお客の店に対する印象、信頼度が違ってきます。

「お客さま、申しわけありません。ただいますぐに作り直しますので、少々お待ち下さいませ」

②間違えないようなサービスを工夫

お客が勘違いした原因を探り、二度と同じ間違いが起きないように工夫します。アイスの器の種類を聞いた時に、その言葉をはっきりと話していたかどうか。早口で流れるように話すと、お客もいい加減に聞いて、いい加減に返答する傾向があります。また、お客が希望を「カップ」と言った時、きちっと確認していたか。「かしこまりました、カップですね、少々お待ちください」とはっきり確認すれば、お客の意識の中に「カップ」が印象に残ります。

③帰りの工夫

お客の勘違いによると思えば、その気持ちが顔に出やすいものです。退店時には、より笑顔で見送りましょう。

「ありがとうございます。お待たせしてすみませんでした」

4 服を汚したクレーム

レストランで、若いカップルが食事をしていました。旅行の計画なのでしょうか、資料をテーブルに置いて話をしています。時には真剣に、時には笑いながら、ジェスチャーを交えて話に集中しています。その間にも、料理が運ばれ、ワインを飲み、食事をしながら話を続けています。

接客者が料理を提供した時に、たまたま男性が、手ぶりを交えて話していたため、その手が料理の皿にぶつかりました。そのため、中身の一部がテーブルにこぼれました。男性客がよけようとして立ち上ったため、ワイングラスが倒れ、向かいの女性のスカートを汚しました。その瞬間「何やってるんだ、服が汚れただろう」と、男性が大声で怒鳴りました。

さー、こんな時は、どうしますか？

対応のポイント

①まず詫び言葉とともに、お客を心配する。そしてその気持ちを行動で表わす

素早く、お客の元にうかがい、「申しわけございません、お怪我はございませんか」（熱い料理や飲み物なら、火傷はありませんか）。

②他の接客者も手伝って世話をする

拭くのを手伝う人、タオルを持ってくる人など、一人だけでなく仲間も協力する姿勢により、真剣に対応している気持ちが伝わります。

③衣服に付いた汚れは、時間が経つほど落ちにくい

素早く応急手当をします。汚れた箇所によっては、バックヤードなどに案内することも必要です。女性客には女性接客者が対応をするのが良いでしょう。

④汚れは擦って広げないように、つかみ取るようにする

油性の汚れは、布やティッシュペーパーで押さえ、吸い取るようにします。水性の汚れは、汚れた部分の下に乾いた布を当てて、生地に水を含ませ、汚れを布に移し取ります。

⑤汚れた洋服や楽しんでいた時間の価値付けをする

「折角、お二人で楽しくお食事をなさっていらしたのに、申しわけありません」「とても素敵なお洋服ですのに」という共感の言葉とともに、その時のお客の気持ちを配慮することが必要です。

⑥お客がクリーニングに出す場合は、原因になった料理の材料や調味料などのメモを渡す

お客が面倒がってクリーニングに出さず、のちに二次クレームになる場合もあるので、連絡先を聞いて翌日、お詫びとクリーニングの確認をすると良いでしょう。

⑦お客が帰る時は、お詫びと心配する言葉を必ず忘れずにかけます

5 異物混入のクレーム

中華レストランで、二人組の男性客が紹興酒を飲みながら、何品かの料理を注文し楽しそうに話をしていました。「何だ、これ」という声が聞こえたと思ったら、突然、「ちょっとこれ見てよ」と接客者が呼ばれました。行ってみると、お客が食べていたマーボー豆腐に髪の毛が入っています。

さー、こんな時は、どうしますか?

対応のポイント

①まず詫び言葉と共感の言葉を発し、お客の驚きと怒りの気持ちを抑える

「お客さま、申しわけございません、折角楽しく食事を召し上がっていらしたのに、ご不快な思いをさせてしまいました」。異物混入は突然、想像もしなかった状況ですから、ショックと怒りと気持ちの悪い状況が同時に起きます。まず、その気持ちを冷静に受け止めることが必要です。顔の表情を意識します。お客の怒りをしっかり聞いて受け止めます。

②すぐに料理を下げ、その後の対応を話し合う

お客の気持を受け止めたら、気分の悪い状態を継続させないためにも、料理を下げます。そして「申しわけありませんでした。すぐ同じものを作り直しましょうか。あるいは同じも

のですと召し上がる気持ちになりませんか。○○など、お持ちいたしましょうか。どういたしましょう」。同じものを作り直すか、同じものは欲しくないという場合は、同等金額の類似の商品を提供するなど、お客の希望を聞きます。

③作り直す場合は、出るまでの時間をきちっと伝える

「急がせますが、○○分ほどかかります。お時間はよろしいでしょうか」

④代替品を拒否されたら、希望通りにし、お客の気分を考慮した言葉を工夫する

黙って伝票を持っていき、代引きや無料の処理を行ないます。黙って伝票を持っていく、それだけでお客は理解します。「値引きします」と直接言うと、「値引きを目的にしているように思われる」と考えるお客もいます。異物混入した商品を無料にするか、すべての料金を無料にするかは、異物混入の程度によって、責任者が判断します。

⑤再来店してもらうためにも、帰りの挨拶が重要

「申しわけありませんでした。今後はこのようなことのないよう充分、気をつけますので、これに懲りずにまたお越しくださいませ」

⑥全員に髪の毛の扱いを意識させる

起こった原因を考え、帽子の着用、紙を束ねたり、接客者の髪の毛が入らない環境をつくります。また、問題が大きくなった時のために、異物はすぐに処分しないようにします。

6　子供客へのクレーム

５、６歳の元気の良い男の子を連れた母親二人組が、楽しそうに話をしながら食事をしています。子供たちは食事が終わり、元気良く店内を走り回っています。一人の子がつまずいて、近くのお客にぶつかりました。ちょうど手にしていたコップの水がスカートの上にこぼれてしまいました。しかし、母親たちは知らんぷりです。怒ったお客は接客者を呼び、「どうしてくれるの！　うるさいわねー、子供に注意してよ」と怒鳴りました。

さー、こんな時は、どうしますか？

対応のポイント

①すぐにお絞りを多めに持っていく

迷惑しているお客の怒りをサービスでまず和ませます。一緒に拭くのを手伝い、靴やバッグが濡れていないかを配慮したり、新しいお冷やに変えたりすることで、気づかっていることを知らせましょう。

②子供や母親の非難はしない

「申しわけありません、不行き届きがございまして……」「折角お楽しみのところでしたのに……」などと声をかけ、店側も大変だとお客に感じてもらえることが大切です。子供や母親

に非難めいたことを言うと、余計、両者が険悪な雰囲気になります。

③さりげなく母親に注意

お冷やを交換しながら「大丈夫ですか？　お怪我をするといけませんので、申しわけありませんが、よろしくお願いいたします」のように心配している言葉をかけたり、また子供に対しても、「驚いたでしょう、怪我すると痛いから走るのやめようね」など、非難ではなく、メリットがあるような話をして注意を促します。

④お客同士の金銭的もめごと（クリーニング代など）には立ち入らない

あくまでもお客同士で決めることであり、かかわることにより、片方のお客の味方をして一方を責めるような形にならないように注意します。「店が悪い」と責任を転嫁されないよう、両方の気持ちを和ませる言葉をかけ、雰囲気を和らげる対応を心がけます。

7　食中毒じゃないかのクレーム

客「30分ほど前に二人で食事したんだけど、急に気持ち悪くなって、お腹痛いと言ってるけど、食中毒じゃない？」
接「えっ！　お客さまのお具合いが悪いのですか？」
客「違うわよ、一緒に行った人よ。お腹痛くて電話なんかできるわけないでしょう！」
接「お客さまが大丈夫なら、食中毒じゃないと思いますよ。他のお客さまからもそんな苦情は入っておりませんし、料理のせいではないと思いますよ。体調が悪かったか、飲みすぎたんじゃないでしょうか」
客「いい加減な店ね！　彼が食べた物だけが悪かったかもしれないでしょう。もういいわ！」
　ガチャンと怒って電話は切られました。
　さー、こんな時は、どうしますか？

対応のポイント

①お客の状況を気づかう
「ご心配ですね、どのようなご様子ですか？」「すぐに病院へ行っていただけますか？　よろしければ病院へお連れしましょうか？」など、お客の体調を心配する配慮や共感の言葉が、

不安に思い高ぶっている感情を落ち着かせます。責任回避と思われるような言葉は余計にお客の気持ちを刺激し、後々、問題を大きくします。

②名前と連絡先をうかがう

「私〇〇と申しますが、ご様子が気になりますので、お名前とご連絡先を教えていただけますか？」。心配している姿勢を伝え、途中で一方的に電話を切られ、対応ができなくなることを防ぎます。

③すぐにお見舞いにうかがう

店の責任でない場合でも、納得してもらえ信頼回復ができます。夜遅い場合は、郵便受けにお見舞いの手紙を入れておきます。自宅まで心配してうかがったことを、近くの店や交番で道を聞くなりして、第三者に印象づけるのも誠実さの証明になります。

④保健所に報告する

食中毒だと言い張るお客の場合は、身の潔白を証明するためにも会社、店側から自主的に保健所に報告します。検査の結果、問題がなくても、自宅までうかがいお見舞いの気持ちを伝えて検査結果を報告しましょう。

⑤医者に確認する

納得しないお客の場合は、一緒に診断した医者に行き、診断結果を聞き確認しましょう。

8 釣銭間違いのクレーム

「3日前に1万円で2700円の支払いをしたのだけど、5000円足りない。5000円札を受け取っていない」というクレームの電話が入りました。レシートは所有していないと言います。当日の売り上げの計算でレジの残高の過不足はありませんでした。「お客さまの勘違いではありませんか。レジの記録でそのようなことはありません。お釣りはちゃんとお渡ししているはずです」と答えると、「きちんと調べもしないで言い逃れするのか！　信用できない店だ」と電話を切られてしまいました。

さー、こんな時は、どうしますか？

対応のポイント

①お客に共感する言葉をかける

「申しわけありません。ご心配をおかけいたしました。現在、当日の残高の過不足の報告はありませんが、すぐにレジの記録を調べます。お名前とご連絡先をお教えいただけますか？」など、お客の心中を察し共感することで、調べてくれると安心するとともに、時間を置くことで冷静に再度、その日の行動を考えてもらうことができます。

②レジの記録を具体的に知らせる

客観的な数字を示しながらレジの記録を詳しく説明します。間違いのなかった根拠が分かり会社、店側に非のないことを納得してもらえます。

③お客の勘違いを強く指摘しない

「このような計算ですので、渡し忘れの間違いはないと思いますが、恐れ入りますがもう一度、当日の行動をチェックしていただけませんか」など、お願いの形で勘違いに気づいてもらうようにします。強く指摘すると自分の考えに固執するようになり、なかなか納得してもらえません。

④お客とともに確認する

支払う時には、お客の目の前で確認してもらいながら、お釣りをはっきり聞こえる声で数えることを徹底します。お互いに釣り銭の額を確認でき、釣り銭トラブルの二重のチェックになります。

⑤レジの管理はしっかり行なう

レジの入金額のチェックは時間帯別に細かく把握しましょう。日頃から現金の管理をしっかり行なうことで、クレーム時に迅速に確認作業ができます。また、何か支払いがある場合は、レジの現金を使うのではなく、小口支払い用の現金を用意して使用します。絶えずレジの金額を厳格に管理することで、接客者による不正行為の防止にもなります。

9 煙草の煙へのクレーム

楽しく飲んでいるカップルのお客の元に料理を運ぶと、「煙いな、換気が悪いね」とそれとなく注意をされました。連れの女性も顔をしかめています。「すみません」と言葉をかけましたが、特に対応はしませんでした。その場所は、空気の流れの通り道になっていて、煙草の煙が強く感じられるのです。隣のテーブルは女性の二人連れなのですが、ヘビースモーカーです。白い煙が流れるのが見えます。しばらくして追加注文を運んだ時のことです。「何でこんな煙いんだよ、折角の酒もまずくなる。何とかしろよ」と男性客が怒鳴りました。

さー、こんな時、どうしますか?

対応のポイント

①すぐにお詫びの言葉をかける

「折角お食事を楽しんでいらっしゃったところ、申しわけありません。ただいま別の席をご用意いたしますので、しばらくお待ち下さいませ」。すぐに言葉をかけ、空いている席を探します。

この時、言葉遣いに配慮します。隣のお客の煙草が原因とはっきりしている時に、「ご迷惑をおかけして」「ご不快な思いをさせて」などと大声で言えば、煙草を吸っている当事者は、

「誰が迷惑かけている？　この店は禁煙じゃないでしょ。吸って何で悪いの。私は迷惑をかけていない」と激高する場合があります。また、その結果、お客同士の喧嘩に発展する可能性もあります。お客同士が喧嘩にならないようにすばやく対処します。

②別の席にすばやく案内する

「お席を用意いたしましたので、恐れ入りますが、そのままこちらへお願いいたします」。すばやい動作で席を移動してもらい、その後、隣のテーブルにも「失礼しました」と配慮の言葉をかけます。

③接客時の会話からお客の気持ちを察し、早い対応を

接客時のお客の言葉から不満があるように感じたら、当該客が怒る前に提案するのも良いでしょう。

「申しわけありません。この席は空調の関係で空気の流れができまして、少し煙たく感じるかもしれません。他のお席をご用意いたしましょうか」

10 病気・怪我への対応のクレーム

ある割烹料理店でのこと。個室で男性5人のグループが宴会をしていました。会社で何かイベントがあり、それが良い結果で終わったらしく、打ち上げの会でした。皆、気分良く飲んでいます。わいわいと、仕事での苦労、その成果が今後の営業活動に大きく影響する話で盛り上がっていました。その中の一番年長者は50代半ばの人です。活動の中心になって動き、ずーっと寝不足の中、頑張ってきた様子です。

部下がその年配者に「二次会はどこでやりますか」と声をかけると、急にろれつが回らなくなり、持っていたお猪口を落としました。周りの人が洋服をお絞りで拭くのを手伝いました。「すみません、お絞りください」と叫んでも、たまたま店内が混んでいるせいか、なかなか持ってきません。仲間が取りに行き、「様子がおかしいのでお絞りください」と店主に頼んでも、他の仕事を優先しています。そのうち意識もはっきりしていないようなので、危ないと感じたのでしょう、「救急車を呼んでください」と頼みました。すると「救急車ですか、そんなひどいのですか」と迷惑そうな言葉が返ってきました。そこで「救急車、呼べと言ってるだろ、黙って呼べばいいんだよ」と怒鳴られました。

さー、こんな時は、どうしますか？

対応のポイント

①調子を悪くしたお客へは最優先で対応する

何人かで飲んでいて、そのうちの一人が意識障害を起こすと、酔ったものと勘違いをして、その場に寝かせることが多いようです。周りも酔っているので、病気に対する感覚が鈍っています。そのため手遅れになるケースが多いそうです。店側は、その辺を意識することが必要で、体調を悪くしたお客へは注意を払い、観察しなければなりません。もし必要と感じたら一刻も速く病院へ行くことを勧めます。

②可能な限り積極的に手助けし、アドバイスする

確かに救急車騒ぎになったら、店にとっては迷惑です。特に忙しい時間帯、接客者が手助けをすれば仕事が滞りますし、他のお客も提供が遅いだけでなく、折角の雰囲気が壊れます。しかし、そうした状況を他のお客が見ていることを意識しなければなりません。責任者としての言葉のかけ方、行動の仕方が店の評価に大きく関わってきます。

③怪我の場合、原因が店側にあるのなら補償問題が生じる

段差があったり、雨で床が濡れて滑りやすくなっている場合など、転倒事故が起きないように、注意を促すことが必要です。店に責任がない場合でも、見舞いをするなどの気配りにより、店への信頼や信用を高めることができます。

11　予約ミスのクレーム

客「午後7時から5人で予約している鈴木ですが」
接「鈴木様、すみません、予約は頂いていないようですが」
客「何言ってるんだよ、今週の月曜に電話しただろ」
接「ちょっとお待ちください、えーと、17日になっていますが」
客「違うよ、11日って言ったじゃないか、なに聞いてるんだ。その時の担当者呼んで来い」
さー、こんな時は、どうしますか?

対応のポイント

①お客の希望が叶うように努力する

予約ミスは、お客と店とのコミュニケーション不足によって起こるものです。原因はどうであろうと、来店したお客が店で楽しめるように最優先で最大限の努力をします。「申しわけありません、ただいまお席を用意いたします。しばらくお待ちくださいませ」。

すぐに席が用意できない場合は、近くの店でお茶を飲んで待ってもらうこともあります。「お席の用意ができるまで、当店でご用意しますので、近くの店でお待ちいただけますか。後ほどお迎えに参ります」

②受け応えの言葉は慎重に

明らかに、予約台帳とお客の記憶が違っていても、お客の勘違いとは言い切れません。台帳への記入ミスの可能性もあります。「台帳にはこのように記入されていますから、間違いありません」などとお客を疑う言い方をすると二次クレームに発展します。ミスがあった場合は、ミスが起こらないように確実な確認作業をしなかったためと受け止め、対応します。

③原因の分析

繁忙時間に予約の電話がかかると、急ぐあまり、確実さに欠ける場合があります。電話で予約を受ける場合のマニュアルをつくり、要点を電話のそばに貼っておきます。

④予約項目と注意点

「来店日時」：必ず曜日まで確認します。時間も正確に（×7時→〇19時・午後7時）。

「客数（宴会の場合は男女比）」「名前」：音だけでなく漢字も聞いておきます。「電話番号」「料理予算」「集まりの目的」など。必ず最後に復唱確認を習慣づけます。予約日の前日には確認の電話を入れ、変更内容があるかどうかを確かめます。人数が多い場合は、ファックス、メールなど、書面で確認しておきます。

⑤会社・店側のミスの場合は、フォローの工夫

店側の原因でミスがあったならば、飲み物や料理のサービス、金券などの提供をします。

12 料理の提供間違いのクレーム

Uさんの行列ができる中華料理店での出来事です。昼時で大きな丸テーブルは相席となり、「五目あんかけそば」を注文しました。食べ始めて五目あんの下が「そば」ではなく「ご飯」なのに気づきました。「中華丼」と間違えたな、と思いましたが、店が忙しそうなので、接客者に言ってもかわいそうだから、これでいいと思い食べ続けました。値段も同じで、似ているので間違えても仕方ないと思ったそうです。しばらくしてテーブルの反対側のお客が接客者に「中華丼がまだ来ない」と文句を言いました。接客者は「おかしいなー」と言っています。そこで気づきました。食べている「中華丼」が、そのお客のものなのです。「こっちに間違えて来ているみたい」と伝えると、接客者はじろっとこちらを見て「困りますねー」と言いつつ、食べかけの「中華丼」を下げました。その後、それぞれに頼んだ料理が来ました。待っている時から食べ終わるまで、迷惑なお客と思われているような周りの視線を感じ、ストレスもたまり、帰りにレジで文句を言ったそうです。

さー、こんな時は、どうしますか？

対応のポイント

①詫び言葉を言いながら状況をつかむ

確認をしっかりせずにお客に提供したのが元々の原因です。まず、しっかり詫びます。

②お客を責める言葉は厳禁

忙しく働いていますと、提供した時になぜ違いを言わないのかと、自分勝手な不満が出やすいのですが、お客を不満の対象にしてはいけません。お客は、店が忙しいから訴えては可哀想、あるいは、恥ずかしくて言えないなど事情はそれぞれです。自分が原因と反省します。そうでないと、「言ってくださいよ」「困ります」など、お客を責める言葉が自然と出てしまいます。

③変えるのが原則ですが、状況を見てお客に提案するのも顧客志向のサービス

「お客さま、ほとんどお済みですが、新しい料理をお持ちしてよろしいですか」と言葉をかけ、もし、その料理でいいなら、帰りに料理同額のサービス券を提供する方が次の来店に繋がります。

13 迷惑なお客に対するクレーム

女性3人組で楽しそうに飲んでいる居酒屋で、男性3人組の客が隣の席に座りました。どこかで飲んできた様子で、かなり酔っています。女性客を見ると「女性だけで飲んでるんですか？　我々も3人ですから一緒に飲みましょうよ？」と声をかけます。迷惑そうに女性客が無視していると「いいじゃない、そんなに気取ってないで」と、なおもしつこくからんできます。たまりかねた女性客が接客者を呼び、「ちょっと、この人たちをどうにかしてよ。何で他の席にしないのよ」と怒鳴りました。

さー、こんな時は、どうしますか？

対応のポイント

①すぐに男性客のところにサービスで割り込む

「失礼します」と声をかけ、空いた皿を下げたり、灰皿の交換をしたり、「お冷やをお持ちしましょうか？」などと尋ねたりして、話しかけているところに割り込みます。接客者に割り込まれたことで場が沈静化します。

②女性客に詫び言葉をかける

「申しわけありません」と、詫び言葉・表情でお詫びの気持ちを伝えます。男性客を非難すると余計もめる原因になります。スタッフの表情から、気にかけていることが伝わり、女性客の不満も和らぎます。

③女性客にお詫びの品をサービスする

アイスクリームやデザート、または、ちょっとしたつまみの品を提供して、店のお詫びの気持ちを伝えましょう。

⑤いつまでも迷惑をかけられているようなら、席の移動をお願いする

酔っているお客に席の移動を頼んでも怒らせるだけなので、女性客にお願いします。「まことに申しわけありませんが、あちらに良いお席をご用意いたしましたので、ご気分を変えてみてはいかがでしょうか？」。移動した後に、ちょっとしたお詫びの品をサービスします。

⑥案内時に隣のお客の組み合わせに注意

二人連れのお客には二人連れ、また、同性同士、グループ客同士、喫煙者には後からのお客に尋ねて喫煙者など、同じようなタイプのお客を席に案内しましょう。それぞれの雰囲気が壊れずに、それぞれのお客に楽しんでもらえます。

⑦度重なる迷惑客には入店拒否

最終手段として入店拒否を伝えることも必要です。ただし、お客に恥をかかせるような伝え方にならないよう注意して、理由を明確に説明しましょう。

14 料理が遅いというクレーム

カップルが、ある駅前のイタリアンレストランで午後7時に待ち合わせをしました。その店は女性接客者だけでやっています。簡単コースメニューは2品とドリンクが選べ、パンが食べ放題なので、女性から男性まで幅広く人気があります。カップルがその店に入った頃は、混んでいて、なかなか注文を取りに来ませんでした。しばらくして女性接客者が、お冷やを持って注文を取りに来ました。簡単コースメニューを二人分注文しました。次から次へお客が来ます。接客者は大忙しです。簡単コースメニューは人気があり、皆が頼みます。時間差で料理を運び、何度も厨房と客席を往復をしていますが、全部が遅れ気味です。ちょうどドリンクと1品ずつは来ましたが、その後の料理はなかなか来ません。男性が接客者を呼びました。が、聞こえないのか、他のお客へ料理を運ぶのみでした。しばらくして、ついに怒りが爆発。「いつまで待たせるんだよ、胸ぶくれするだろ」と男性が怒鳴りました。「少々お待ちください」と答えましたが、ちょうど料理を他のお客へ運んでいる途中です。それを見て、カップルは立ち上がり「もういらない」と怒鳴って、金を放り投げて店を出てしまいました。それを接客者は黙って見送っていました。

さー、こんな時は、どうしますか？

対応のポイント

①追いかけて詫びる

まず追いかけて詫びます。そして、「申しわけありません、本日は込んでいてご迷惑をおかけいたしました」。待たせて怒らせたのですから、知らん顔をしないで、サービス券などを渡し、次回の来店をお願いします。これがきっかけで来なくならないようにします。

③遅くなって怒らせた種々の原因を理解する

・料理の基本調理時間が遅い・連れの料理が同じに出ない・セットメニューで来るべき料理が来ない・先に注文しているのに、遅く来たお客の方が早く料理が出た、などがあります。

③お客の心理をもどす工夫

怒りのまま帰さないで、言葉や物で必ず気持ちをもどす工夫をします。最初に遅いと言われた時から、テーブルに近づき言葉をかける。「すみません、いまの提供の状況はいかがですか」。後から来た人に出す時は、「すみませんね、すぐ出ますから」。あまり遅いならサービス（生ビール１杯、料理、サービス券など）で気持ちをもどします。

④遅れないための留意点

・接客者に素早い提供の意識を高める・注文時に注文ミスをなくすことで、提供が適正に行なわれる・ホールと厨房のコミュニケーションを良くする。

15　料理で怪我をしたクレーム

楽しそうに話しが弾んでいる4人の女性客に、熱々のグラタンを提供しました。その時、接客者は「お熱いですからお気をつけください」と一言注意をして提供しました。しかし、話に夢中になっているお客には聞こえなかったようです。提供してすぐに「キャー、熱い！」と悲鳴が上がり「火傷したわよ～」と騒ぎだしました。熱い皿に触ってしまったようです。接客者が「大丈夫ですか?」と声をかけると、「火傷しているのに大丈夫なわけないでしょう！」と睨みます。「だから先ほど、熱いのでお気をつけくださいと言ったのです」と答えると、「火傷したと言ってるのに何してるのよ～」「冷やすために早く氷を持って来なさいよ～」と口々に怒鳴り出しました。

さー、こんな時は、どうしますか?

対応のポイント

①すぐに氷とお絞りを持って駆けつける

まず火傷の応急処置をしなければなりません。氷とお絞りで火傷をした箇所を冷やしてもらいます。「大丈夫ですか?」などとのんびりしているように聞こえる言葉は余計、怒りを呼びます。

②不快な気分にさせたことに対してお詫びをする
「申しわけありません。すぐに冷やしていただけますか」と言いながら、冷やす作業を手助けする。「痛みますか？」と心配する配慮をしてから、「お熱いのでお気をつけいただくようお願いしたのですが、はっきり聞こえずに申しわけありませんでした」と注意をきちんとしたことをさりげなく伝えます。ひどい場合は、病院に行くことを勧めます。
③責任者が怪我の様子を見舞う言葉をかける
「せっかく楽しんでいただいてましたのに申しわけありません。いかがですか？　まだ痛みますか？　おいしく召し上がっていただくために、熱々のお料理をお出しいたしました」と、楽しく過ごしていたことを思い出してもらう言葉を忘れずに付け加えましょう。

第2章

クレームに強くなるために

16 決められたとおりにやっても

ある喫茶店での話。近くの席でビジネスマンらしき二人連れが、ランチメニューを注文しました。若い男性接客者が料理を二人分持ってきて、順にお客の前に置き、セットになっているコーヒーを置いた時に「あっ」という声が聞こえ、騒ぎになりました。

テーブルが狭いせいで器が傾き、コーヒーがこぼれ、お客の膝にかかりました。接客者は「すみません」と言ってすぐ、白いタオルを持って来てお客に渡すと、お客は自分でズボンを拭いていています。他の接客者も手伝いに来て、テーブルの上を素早く片付けて、クリーニング代などの話も聞こえてきました。お客の服を汚した時の基本的な対応をしていましたので、騒ぎが収まるのかなと思い、気にも留めませんでした。しかし、しばらくしてもお客の怒りは収まらず、だんだん大声になっています。気になって耳を傾けると、「口先だけの対応で、本気に謝っているのか」と怒鳴っています。こぼした接客者は「すみません」と何度も謝り、また、「大丈夫ですか」とお客を気遣う言葉をかけているのですが、言い方が単調で何かを読んでいるように、とても事務的に聞こえます。おそらく、こぼした接客者自身がびっくりし、萎縮して、対応が精一杯だったのかもしれません。しかし、そばで聞いていても心が全然こもっていないように感じました。それでお客は怒りが収まらないのでしょう。

クレーム対応は、お客の言いなりになることではありません。会社・店にとって一番理想的な解決案を、お客が納得して受け入れることが一番良い対応なのです。そのためにクレーム対応は、お客の心理をつかむ技術が必要なのです。「そこまで考えてくれるなら、許すよ」と、お客に言ってもらうことが理想なのです。

怒っているお客と瞬間的に人間関係をつくることが重要で、コミュニケーション能力が要求されます。店で決められている同じ対応をしても、人によっては余計怒らせることもあるのです。第3章に述べるクレーム対応時のポイントを理解して、言葉の遣い方、態度をフルに活用してお客に納得してもらう技術を身につけましょう。対応を知識として知っていても、いざクレームの時は、この例のように失敗するかもしれません。クレーム対応技術を身体で覚え、身につけなくてはなりません。

17　クレームとは

ある時、友人に誘われて、新聞、雑誌などに紹介され名前が通っているラーメン店に行きました。外には行列ができており、しばらく並んで入りました。並びながら友人がマスコミから得た情報を話してくれます。「この店は、〇〇が有名でね、特徴は……。この店に入ったら、まず〇〇を食べるのがお勧めらしいよ」。

話を聞いているうちに、おいしいだろうなと、私の期待はどんどん膨らみました。いざ料理ができて食べてみましたが、？？？です。まずスープがぬるいのです。なんでこんなにぬるいんだろうと思って食べるせいか、味も期待したほどではなく、まずいと思いました。私たちは何も言わなかったのですが、隣のテーブルのお客は、「ぬるい」と訴えています。店の反応は「すみません」と謝るのみでした。結局その後、二度とその店には行っていません。

お客は店に行く時、その人なりに店に対する期待を抱いて行きます。「おいしい料理が食べたい」「良い雰囲気で食べたい」「感じの良い接客者」等々。実際に食事をして、「味がいつもより薄い」「隣のグループ客がうるさい」「料理を乱暴に置いた」など、自分の考えていたイメージと少しでも外れると、不満になります。その不満に我慢ができなければ、クレームとして訴えます。すなわち、お客が抱いた期待に対するズレがクレームを生むのです。

店側は毎日、お客に料理を楽しんでもらうよう、料理、雰囲気、接客に気を配ってサービスを提供しているのですが、機械と違って人間が行なっていますので、忙しかったり、体調が悪かったり、気分が悪かったりすると、思わぬところで、ついうっかりミスを犯すことがあります。それがお客の期待とずれることになるのです。

また、人間は、人それぞれで考えも感じ方も違います。料理を食べても、その人の嗜好、味覚によって、うまいまずいが変わってきます。また、悠長な人、気短な人によって動作速度の満足度が違ってきます。あるいは、接客者の対応の好みも違うかもしれません。そんな些細な違いから、期待に対する不満が生じることもあるのです。また、店側には原因がないのですが、お客の勘違いでクレームとして訴える場合もあります。

毎日、忙しく仕事をしていく上で、クレームが起こる可能性はいくらでもあるのです。大事なことは、クレームとしてお客が訴えることは、ほんの一部に過ぎない点です。表面化したクレームの後ろには、不満として訴えないお客が何倍もいるのです。その不満が原因で、お客がもう店には来ないかもしれません。それだけでなく、不満を悪口として他の人に伝えれば、常連客予備軍のお客も来店しなくなるかもしれません。会社・店の経営者から接客者まで、全員がクレームに対して感受性を強く持たなければ、成長は望めません。

18 クレームの起きやすい時代

これからますますクレームが起きやすい時代になると言われています。インターネットで「クレームのつけ方、書き方」などと検索すると、多くのサイトや掲示板を見ることができます。その中には会社・店の理不尽な対応によって不快にされた人や、考え方が極端で、過度な要求をすることが目的のクレーマーまがいの対応が書かれたものまで、玉石混合です。クレームについて、何も知識がなかった人がこんなサイトを見れば、私もクレームをつけてみようと思うでしょう。

また、従来に比べて、各店のサービスレベルが上がっています。チェーン店がマニュアルによる教育を徹底しているため、客単価の低い店でもそれなりのサービスをしています。同時に、子供から大人まで、サービスを受ける側も、サービスの質を見分ける目を持つようになりました。挨拶からはじまり、お冷やの置き方、料理の注文の受け方、提供の仕方など、サービスに対する自分の基準をそれぞれ持っています。その基準に合わなければ、クレームになる可能性があるのです。

いまは本当に便利な時代です。24時間営業の店もあり、いつでも欲しい時間に欲しいものを購入できます。さらに、携帯電話を使えばいつでもどこにいても人と話ができます。スーパーマーケットやコンビニ店内で商品を探し会計が終わるまで、携帯電話を切らずにずーっと話し続けている人を見かけます。ファストフード店に行けば、注文料理が素早く出てきます。誰でも自由に、早く、正確に商品を購入できる環境に慣れてきています。その環境が基準になりますから、そこからずれたと感じれば怒りになります。

料理の提供時間が遅いというクレームが多くなったり、電話をかけながら会計をして、5000円と1万円を出し間違え、勘違いの文句をつけるなど、昔なら考えられないクレームも起きています。

また、会社によっては、お客様相談室を設置したら、いままでなかったクレームが多くなったというように、直接、店には言いにくいが、お客様相談室ならクレームが言いやすいと積極的に行動を起こすお客も増えています。

便利な世の中になったため、消費者の権利意識がますます上がっていますし、安全・健康志向も高まっていますので、食材の安全性、アレルギーとの関係など、情報面を正確に理解して対応する必要もあります。また、団塊世代の大量退職が始まりました。その結果、時間にゆとりのある高齢者が、世直し的正義感で会社・店の問題点を見つけ、悪いことは直してほしいと、クレームとして訴えることもあるでしょう。時代の流れを理解し、クレームの起きやすい環境下にあることを認識しなければなりません。

19 お客を教育する方法

私どもがサービスの指導をしますと、中には「最近のお客はめちゃくちゃな人が多い。そういうお客を教育する方法はないか」と質問する人がいます。最近のお客との対応の中で、非常に自分勝手で、中には常識外れな要求をする人が多くなり、そのような言葉が出てしまうのでしょう。もちろんお客を教育する方法などありません。

ただ、不思議なことに、このようなことを聞いてくる人は、サービスの意識が乏しいようです。提供するサービスが顧客意識に欠けているため、どうしてもお客から怒られたり、クレームとして訴えられたりしています。自己観察して自分の足りない能力を探す前に、むしろ、お客に優しくして欲しいと思ってしまうのでしょう。

接客のレベルが高いと思われる人にうかがうと、ほとんど「私は、幸いにも、いままで厳しいクレームを受けたことがありません」と同じ答が返ってきます。接客意識が高く、指導の上手な店長がいる店は、クレームが少ないものです。「うちの店は、接客者全員、なるべくお客さまの顔を覚えるようにしています。そして、どのようなお客さまにも必ず、来店されたら声をかけて、短い会話をして、親しくなるようにさせています。おかげさまで接客者全員がお客さまと仲がいいもので、クレームはほとんど来ません」と笑顔で店長が、その秘

訣を話してくれました。

笑顔がない接客者には、親しみは持てません。声の小さい接客者には、聞き返すことが増えます。動作が雑な接客者には、鬱陶しさを感じるでしょう。テーブルや椅子が汚れていれば、乱雑に扱います。トイレの清掃が行き届かなければ、汚しても気になりません。すなわち、接客意識のある接客者、また、接客意識が浸透している店は、クレームを言われる材料が少ないのです。隙がないのです。

クレーム対応の達人になるには、まず、スタッフ自身の接客サービス能力を水準以上にしなければなりません。私どもの提唱しているＯＭ方式で、お客に喜ばれる接客技術を身につけましょう。

20 潜在クレームの対応

クレームの中で厄介なものに潜在クレームがあります。これは、店内でお客が不快になったり、怒った事実はあるのですが、それを訴えないクレームのことです。店側とすれば全然、分からない場合もありますが、お客が不快になったことを表わしているのに、そのサインを見落としている場合もあります。

駅ビルの地下の居酒屋に中年男性が12人で入りました。まだ夕方早い時間ですから、席は空いています。思い思いにおしゃべりをしながら、勝手に席に着こうとすると、「いま席を作りますから」と、他のお客が来ても効率的に案内できるように接客者は、12人のために席を作ります。待ちきれず席に座ろうとすると、「いま案内しますから、そこで待ってください」と制止します。やっと席について、今度は飲み物の注文を取りに来ました。メンバー全員が話をやめずに、勝手に注文します。「生ビール」「チュウハイ」「日本酒」……。中にはつまみの商品名を何品も連呼する人が出てきて、接客者はイライラしたのでしょう。強い口調で「一人ずつにしてください」。そう言われても、思い思いに注文しています。しまいにはあまりにうるさくて、注文を聞き取るのをあきらめたのでしょう。「この紙に書いて渡してください」と下がってしまいました。

確かに、お客がグループになると、賑やかでうるさいし、思うようにならないかもしれません。しかし、強い口調で言われたり、自分たちで勝手に注文を書けというように、接客の仕事を放棄されると不快になります。皆、思いおもいに「あの接客はないよな」「あれは感じ悪い」「次回は、ここじゃないところにしよう」と話していました。

果たしてスタッフは、この時のお客の気持ちを理解したでしょうか。おそらく分からなかったでしょう。分からなければ、また同じように、自由気ままに注文するお客と遭遇した時は、同じようにイライラして、お客に注文を書かせるような対応をするでしょう。その方が楽ですから。

このように、はっきり不快であることを表現しない事例は多くあります。普段、接客サービスをしながら、常にお客を観察し、表情はどうだろうか、どんな言葉を話しているか、いつも気にかけることが大事です。お客が怖い顔をしたり、小声で不満を口にし、不快な思いをしているなと感じたら言葉をかけて、お客の気持ちを探りましょう。そして必ず、お客の不快になった気持ちを元にもどしておかなければなりません。なぜなら、お客の多くは、潜在クレームに遭遇しても、わざわざ言うのは面倒くさい、あるいは、争う場面を敬遠したいと思い、訴えないことが多いのです。お客の反応を見て、積極的に探す努力をしなければ、これは永遠に分からないのです。

21 評価と成長

クレームは、どうしてもやっかいなもの、いやなものとして、なるべく関わりたくないと考えがちですが、クレーム情報を上手に活用すれば、会社・店にとってふたつのメリットがあります。ひとつは店の評価が上がります。日常業務の中での接客ですと、お客が入店して帰るまで直接、接する時間はそれほど多くはありません。しかし、いざクレームが起きれば、お客から話を聞き、解決するために直接、話をする時間を多く取らなければなりません。その時の店側のお客への対応の仕方や姿勢によって、店に対する評価が変わってきます。親身に誠実に対応し、それがお客に伝われば、クレーム前より多くの信頼を得られることがあるのです。実際、信頼を得られて、店の評価が上がり、利用頻度が上がった例が多くあります。信頼されれば知人を連れてきたり、紹介してもらえるかもしれません。

ふたつめは会社・店の成長になります。クレームには必ず原因があります。解決後に、原因分析をきちんと行ない、その原因を探り、それを取り除いたなら、二度と同じ過ちは繰り返さなくなります。すなわち、クレーム前よりサービスレベルが上がったことになるのです。そこまでできて初めて本当のクレーム処理と解決なのです。

近隣に中小企業が多く、常連客で流行っている、夫婦経営の定食屋があります。昼の時間帯、夜の時間帯、お客のほとんどが顔なじみですから、馴れ合いの接客になっていました。繁忙時には、夫婦お互いの役割が手一杯になり、時には遅い、気が利かないなど、大声で粗い言葉を投げ合っていました。夫婦は別に喧嘩しているわけではなく、日常生活の会話の延長と気にもしていませんでした。

ある時、同じように「遅いぞ、早くしろよ」「チャンとやっているわよ」と大声でやり取りをしていると、お客の一人が「いい加減にしろよ、金払って昼食べにきているのに、何で喧嘩を聞かなくてはならないんだ」と怒って、そのまま帰ってしまいました。自分たちは意識せず日常の仕事をしているものと思っていましたので、すごくショックを受けました。常連のお客でしたので、勤務先も知っていました。その方に謝りに行くと同時に、自分たちのお客への対応の仕方を反省しました。その後、時間を見つけて夫婦で接客セミナーに通い、サービスとは何かを再認識し、店での自分たちの対応方法を考えました。意識変化の結果、いまでは雰囲気、接客もすばらしいと常連のお客に評価される店になっています。

会社・店における経営者から接客者まで全員が、クレームとは何かを理解し、クレームを前向きに捉え、その対応ノウハウを持ち、もしクレームが起こったら、その体験を店の評価を上げる原動力にし、成長のステップにしなければなりません。その時、クレームは厄介者ではなく、評価を上げたり、成長させてくれる宝になります。

22 基本的心構え

クレーム対応の基本はやはり、サービスの基本的心構えをきちんと意識することです。サービスの基本的心構えは、「お客さまの希望に叶うように対応し、気分の良い時間を過ごしてもらうように努力すること」です。お客は店に来る時にいろいろな希望があります。おいしい食事を楽しみたい、あるいは店のすばらしい雰囲気を堪能したい。グループでの会合では、出席者と親しくなりたい、または、接客者と話をしたい等々。来店したお客のそれぞれの希望を最大限汲み取って、その希望に叶うように努力しなければならないのです。また、希望は叶ったけど、気分悪かった、不快だったでは困るのです。忙しい時でも、時間にゆとりのある時でも、どのお客にも基本的心構えが伝わるように工夫しなければならないのです。

クレームを訴えたお客への対応も考え方は同じです。店に対するお客の希望は何だったのか、それがどのように叶わなかったのか、叶うようにするにはどうしたらいいのか、お客としっかりコミュニケーションを取って順に整理しながら理解します。最終的には、お客の希望する解決内容に対して、できることとできないことを見極め、解決案を提示し、それを納得してもらうように進めるのが基本です。

あるビアレストランで、ポテトフライを出そうとしたら、皿のうちのひとつが落ち、お客

のズボンの上に落ちました。この時のお客の希望は何でしょう。ポテトフライを取り除き、ズボンの原状回復です。再度、ポテトフライを食べるかもしれません。あるいは、違うメニューの方が気に入るかもしれません。お客に話を聞いて、できる限り対応しなければなりません。もちろん、お客はズボンを汚されて不快なのですから、詫びながら、応急手当、その後の対応など、お客の納得する解決に導かなければなりません。その時、お客の心理を考えたコミュニケーションが重要になります。なぜなら、提供したサービスがいいか悪いか決めるのはお客だからです。いかに店側がこれで完璧な対応と思っても、お客がだめと思えばだめなのです。お客が納得するよう、心理を考えて上手にコミュニケーションを取り、会社・店にとって一番理想な解決案をお客が喜んで納得するように工夫するのが、クレーム対応なのです。

23 接客をOM方式で

接客上手な人はクレームが少ないと書きましたが、接客上手になるにはどうしたらいいのでしょうか。一番早い方法がOM方式の活用です。OM方式は、著者である小倉博行・宮崎恵子が長年提案してきた考え方です。日常生活で使っているコミュニケーションの原理原則に基づいて接客サービスを分析しています。誰にでも分かりやすく理解することができる考え方なのです。

接客時に、なぜその言葉をかけることが必要なのか、あるいは、この動作をすることでよりお客の評価が高まるかなど、サービスの流れの中で使用している言葉や用いられている動作の意味が、接客者にとって明確になります。言葉や動作の意味が分かれば、それを伝えるように工夫します。そうすれば、お客とコミュニケーションが取れ、心のこもったサービスとして評価されます。

たとえば、お客が入店したら「いらっしゃいませ」と挨拶します。接客者同士でおしゃべりしながら口先だけで「いらっしゃいませ」と挨拶されても感じ悪いですね。「いらっしゃいませ」という挨拶はふたつの意味があります。①大事なお客と認める意思表示　②店で気分の良い時間を過ごしてもらうきっかけ、です。その意味を伝えるためには、お客を見て、笑顔で、聞こえる声で「いらっしゃいませ」と言わなければなりません。

お客を全然見ないで、大声で「いらっしゃいませ」と言っても、意味が伝わらないから、挨拶されたとは思わないのです。見ても怖い顔なら同じように伝わりません。小さい声ではなおさらです。挨拶とは、言葉をかけることではなく、意味を伝えることです。そのために、表情、声、視線などの工夫が必要になるのです。忙しい時は、一瞬で意味を伝える工夫をすれば、お客は満足します。意味を知らなければ、伝える工夫より省略することを選んでしまいます。そして、忙しいからできなくて当たり前、と自分の行為を正当化してしまいます。そこで、お客からの不満がクレームとして発生するのです。

次項にＯＭ方式の要素をまとめました。接客時の言葉や行動の意味を考えてください。その意味を伝えるためにどうするか、そのように接客の各要素を考えると、いつでも、どんな時でも、お客に満足を与えられるサービスが提供できます。

従来は「おもてなしの心」というと、精神的な部分で捉えてしまい、具体的にどのような対応をしたらいいか、分かりにくいものでした。しかし、ＯＭ方式を活用して、お客に対する、言葉や行動を意味づけた時、たとえ知識のないアルバイトであっても、誰でもが行動、実践できるようになります。マニュアルに書かれた言葉や行動の意味を表情、声、態度を工夫して伝えれば、おもてなしの心がお客に通じ、クレームが減るのです。

	考え方	留意点
接客全般	心構え 会社・店にいらしたお客の希望に叶うように対応し、気分の良い時間を過ごしていただくように努力すること。 接客とは、接客者側から働きかける瞬間的な人間関係づくりである。	忙しい時も、時間にゆとりのある時も、この心構えを持っていることをお客に分かっていただくよう努力。
	手段 お客とコミュニケーションを取り、共に分かりあうことでサービスを提供する。	お互いが納得したサービスを提供する。
	基本要素 ア　速度 イ　正確度 ウ　好感度	特に忙しい時、体調の悪い時なども、常に速度、正確度だけでなく、好感度も意識しなければならない。

<table>
<tr><td rowspan="9">挨
拶</td><th colspan="3">考え方</th><th>留意点</th></tr>
<tr><td colspan="2">お迎えの挨拶</td><td>いらっしゃいませ</td><td rowspan="2">お客に良い店に入ったと感じていただけるように意識する。
意味がお客に伝わるように「明るく聞こえる声で」「お客を見て」「笑顔で」の工夫が大切。</td></tr>
<tr><td>意味</td><td colspan="2">ア　大切なお客と認める意思表示
イ　お店で楽しい時間を過ごしていただくきっかけづくり。</td></tr>
<tr><td colspan="2">お帰りの挨拶</td><td>ありがとうございました</td><td rowspan="2">お客に良い店で良かったと感じていただけるように意識する。意味がお客に伝わるように「明るく聞こえる声で」「お客を見て」「笑顔で」の工夫が大切。</td></tr>
<tr><td>意味</td><td colspan="2">ア　大切なお客と認める意思表示
イ　また訪れたいと思うきっかけづくり。</td></tr>
<tr><td colspan="2">接客用語</td><td>失礼します。少々お待ちくださいませ。かしこまりました、など。</td><td rowspan="2">料理を運んで提供する、商品を包んで提供する、お客から離れる、あるいは待たせるなど、動作が変わる時は無言でなく必ず接客用語を掛ける。意味がお客に伝わるように「明るく聞こえる声で」「お客を見て」「笑顔で」</td></tr>
<tr><td>意味</td><td colspan="2">ア　大切なお客と認める意思表示
イ　動作の変わるきっかけづくり。</td></tr>
<tr><td colspan="2">返　　事</td><td>はい</td><td rowspan="2">返事を返さなければ聞こえていないのかとお客に不安を与える。意味がお客に伝わるように「すぐに」「明るく聞こえる声で」「お客を見て」「笑顔で」</td></tr>
<tr><td>意味</td><td colspan="2">ア　大切なお客と認める意思表示
イ　お客の要望を満たすために動くきっかけ。</td></tr>
</table>

		考え方	留意点
接客者の態度		態度は心の表れ。接客者の気持ちが自然と態度に表れてしまう。お客は接客者の態度を見て、その内面を判断する。お客にどう見られているかを常に意識しなければならない。	お客に対して基本的心構えがないと、自然と気持ちが態度に表れてお客を不快にさせてしまう可能性がある。
接客者の態度	態度の演出	気分がマイナスの時 忙しい時、体調の悪い時、いらいらしている時、感じの悪いお客に接する時などは、その気分がそのまま態度に表れてしまいやすい。	気分がマイナスの時は、自分で意識して余計に明るさを演出する。
接客者の態度	態度の演出	無意識の態度がある時 自分ではそんな気持ちはないのに、暗い、やる気がない、だらしない、偉そうに見えるなどの人は、無意識に出た悪い態度によってお客に対する意識がないと判断されやすい。	過去に一度でも暗いなど左記のように言われた人は、態度に注意を払わなければ、お客を不快にする態度が無意識に出ている可能性がある。
接客者の態度	態度の演出	態度のチェック 「背目手足服癖」の言葉は語呂がいいので覚えて、自分、あるいは接客者同士で態度をチェックする。	背:背筋、目:視線、手足:手と足の動き、服:服装の乱れ、癖:お客を不快にする気づかない動作をチェックする。
接客者の態度	態度の演出	ツーステップ 繁忙時、料理の提供、会計時、接客の基本的心構えが伝わるようにお客を見る演出。一つの言葉を二つの動作に分ける。ツーステップに動きを演出。「失礼します」「1万円お預かりします」「ありがとうございました」言葉の最後にお客を見る動きを加える。	お客に言葉をかける時の接客者の動きで、動作の最後にお客の顔を必ず見る。「失礼します」と料理を提供し、語尾でお客を見ます。
店の態度		店全体が見られている お客は接客者だけでなく店内外も見て何かを感じている。整理、整頓されていない、また清潔になっていない店内では、良い接客も評価を下げる。	時間を作って、店内外をお客の目線で見てチェックする習慣をつくる。

		考え方	留意点
言葉		性　質 言葉の捉え方は人によってそれぞれであり、誰でも自尊心を持っている。言葉のやり取りで自尊心を傷つけてしまうと怒らせる。そんなつもりで言ったのではないと思っても、判断するのはお客。 自尊心を傷つける言葉は使わない。 自尊心を傷つける言葉は次の3つ。 1.否定語 2.価値を認めない言葉 3.立場を無視した言葉(自分の立場だけの言葉)	もし自尊心を傷つける言葉を使ってしまったらフォローの言葉を付け加えて相手の気持ちを元にもどす工夫をする。
	演出	プラスアルファ 挨拶言葉や接客用語の後に一言プラスアルファの言葉を工夫すると、お客に対して親しみを演出できる。 プラスアルファには次の二つの役割がある。 ・好感度を増す ・不満解消のため	接客者同士でお互いに情報を交換して、プラスアルファを多く持つ。
		クッション言葉　申し訳ありませんが、恐れ入りますが、など。 クッション言葉を使うことによりお客の気持ちをやわらげ、不快感を無くし、クレームの減少にもなる。	繁忙時、お客と話す時はクッション言葉を多用する。
		声 声や表現技術の工夫で、話す内容が正確に伝わり、接客者の雰囲気が変わってくる。 声から心理に影響する要素は 1.通る声 2.正確な発音 3.雰囲気	1日3分の発声練習を接客者全員で続ける努力が必要。 声は誰でも練習次第で変わる。

26 クレームから逃げない

クレームを訴えるお客は、ニコニコしていません。怒って怖い顔で、人によっては恐ろしいほどの勢いで怒鳴ります。ですから、むずかしい、恐い、面倒くさいなどと言って敬遠しがちになります。特に経験の浅い接客者の中には、クレームがつきそうになっただけで逃げ腰になってしまう人がいます。

中華料理店で料理の出るのが遅く、接客者が持って行った時、お客が「遅いじゃないか」と文句を言いました。接客者は小さな声で「すみません」と言って逃げるようにその場を下がりました。その対応にお客は余計怒り、帰りにレジで「どんな教育しているんだ」と店長に詰め寄っていました。逃げれば怒りは当然、大きくなります。この時も、せっかく謝ったのだから、遅れた理由を話し、今後は同じような遅れを起こさない旨を話せば、お客も理解し許してくれるでしょう。それをこそこそ逃げるから、小さな怒りを大きくしてしまったのです。こうなると、解決に時間がかかります。たとえアルバイトでも逃げないで、積極的に向かい合う姿勢が大切です。

ある商店の若手経営者は、店内でのクレームだけでなく、商品メーカーへのクレームも自分が受け止め、必ず自分が調べ、お客に答えることを習慣にして高い信頼を得ています。

ある時、チョコレートを購入したお客から、白くなっておかしい、不良品ではないかとクレームが来ました。商品の問題だから、メーカーに伝えてほしいとメーカーの電話番号を知らせるだけでも納得してもらえるかもしれません。しかし彼は、メーカーに自分で連絡して、これはブルーム現象といい、暑い時に、自転車のカゴに長時間置くと、溶けてそれが固まると白くなることを聞き、お客に説明しました。お客も自転車のカゴに入れたまま、友人と立ち話をしていたことを思い出し、納得したといいます。「何かあっても、親切に調べてくれるから、この店は安心です」と絶大な信頼を寄せています。

このように、何かクレームとして訴えられると、必ず自分で受け止め、自分でその原因、予防法などを聞き、お客に知らせています。「自分の店に来たクレームに、商品の問題だからメーカーに電話をしてくださいというのは、ある意味では、クレームから逃げていることになると思います。自分がお客さまの代わりに聞いてあげて、教えることにより、お客さまも喜びますし、何より知識が増えるからおもしろいですよ。自分ではむずかしいなと思うことは、メーカーからお客さまに直接、電話してもらえばいいのですから。それだけでもお客さまは感謝してくれます」。

クレームに向かい合い、受け止めることは、その経験による知識や知恵の許容量が大きくなると同時に、お客からの信頼を勝ち得る機会になります。

27 嘘をつかない

「嘘も方便」という言葉がありますが、仕事上でも都合が悪いと「ただいま外出しています」「ちょっと、その日は都合つきません」などと嘘を利用することがあります。クレームの時も、何かあると自分を守るために、あるいは取りあえず相手を怒らせないために、平気で嘘をつく人がいます。ただし、嘘がばれると、信頼を回復するのが大変です。

目の手術で入院したことがあります。毎日4種類の目薬をつけていました。ある朝の診察で担当医から、「1種類の目薬は強いので、角膜に影響がありますから、つけないようにしました。昨日の診察後に指示がいってますよね」と言われました。指示がなく、翌朝までその目薬をつけていましたから、診察後、ナースセンターに寄って主任看護師に聞きました。

「先生が、青いキャップの目薬は昨日から使用しなくて良いと指示しているはずとおっしゃっていましたが、指示は来てないいんですか」

「来ていません。何という薬ですか」

「えーと、○○○です」

パソコンの画面を見ながら、つける薬の数を確認しつつ独り言を言っていました。

「4つ、4つ、4つ、3つ、……」、突然、独り言を止め、ちょっと沈黙の後、

「病室でお待ちください。調べてお伝えします」と言いました。独り言で薬の数を少なく言っていましたから、指示はあったようですが、忘れていたみたいです。

その後、部屋に来て、

「昨日、看護師が伝えたそうですが」

「いや、聞いていない、じゃー、その看護師さんを連れてきて」

「今日は休みなんです。先生も言ったそうです」

「言ってないから、今日の診察で話してくれたんでしょ」

言った言わないの水掛け論になりました。病人は弱いですね、やはり気分良く入院して治してもらいたいので、自分から引きました。すると彼女は「使っていない薬は預かりますね」と持って行きました。この病院は使わなくなった薬は引き取る規則になっています。薬が残っているということは、看護師からは指示がなかったことになります。その後、退院までその看護師を信用できませんでした。

同じように、クレーム時の対応で、お客が分からないと思って、調べもしないで言葉を出します。それがいい加減なことや正しくないことが分かれば、言ったことが「嘘」と判断されて、クレーム対応が余計、手間取ります。場合によっては、二次クレームに発展することもあります。嘘にならないように気をつけましょう。

28 クレームは会社や店全体の問題

ある店で、経験の浅い年配のアルバイトがテーブルを片付けていました。隣のテーブルのお客が、注文をするために声をかけました。小さい声で返事をしたため「はぁ」と聞こえたようで、「客に〝はぁ〟とは何だ、その言い方は」、お客が怒鳴りました。初めてのことでその年配のアルバイトはびっくりして立ちすくんだそうです。そばにいた若い女性接客者が飛んできて、「申しわけありません、まだ入ったばかりなんです。いま責任者を呼びますので少々お待ちください」と声をかけ、責任者がやって来てことなきを得ました。お客は帰りに「彼女は若いのにしっかりして、いい接客者だよ」と誉めて帰ったそうです。この店は日頃から経営者が、クレームは個人でなく店全体の問題だから、協力して解決しようと呼びかけています。全員一丸になって対応するという意識が重要です。

誰でもクレーム対応は嫌なものです。クレームに直面すると、なかなか理性的な対応はむずかしく、どうしても感情的になります。対応に時間がかかれば、精神的な負担が大きく、やる気がなくなり、それが原因で仕事を辞めたり、極端な話では殺傷事件まで起こっています。メンタル面に大きく影響しますから、個人の問題として捉えると解決がむずかしい。

どのような小さなクレームも会社や店、全体が受けたものという意識を持たなければなり

クレームは会社・店の問題。皆で解決
レストラン

ません。そのクレーム情報を今後の会社の活動に活かすという考え方が大事です。個人の問題として考えると、どうしても自分が受けたクレームは隠そうとします。隠せば折角の情報も活用できません。

クレームを発したお客も、全員が謝りながら、全員で対応してくれれば、その気持ちが伝わり、怒りも長く続かないでしょう。接客者も、仲間が協力してくれれば心強く、クレームの対応も落ち着いてでき、より大きな効果をあげるでしょう。

そのためには、クレームを惹き起こした人間を怒ったり責めるのではなく、皆で協力して同じクレームを二度と起こさない雰囲気をつくることが必要です。ただし報告を怠った時は責任を取らせます。どんな小さなクレームも集まるシステムをつくりましょう。

29 クレーム処理のシステムを確立

クレーム処理システムとは、クレーム情報をきちっと記録し、それを保管・活用して会社や店の成長に役立てる仕組みです。

①担当責任者を決める

クレームに対する意識を高めるために、クレームに責任を持って担当する部門として、クレーム処理担当部門を設置すると良いのですが、規模によっては、独立した部門として設置することができません。その場合でも、必ずクレームの担当者を決めておきましょう。クレーム担当者は厨房部門、接客部門、事務部門など、会社・店全体で協力できるようにコミュニケーション能力を持ったリーダーシップのある人を選びます。また、厨房からサービスまで知識・情報を持ち、仕事に精通している人が良いでしょう。

②クレーム対応のルールをつくる

クレームが発生したら、できる限りクレームを受けたその接客者が対応します。その経験が接客者の自信と成長を導き出します。すぐに上司や担当者に替わる習慣をつけますと、接客者はいつまで経ってもクレーム対応能力が身につきません。ただし、接客者の経験の度合いに応じ、時間を見て、上司や担当者が出て対応します。お客も上位の接客者が出たことにより、自尊心が満たされ、怒りが収束の方向に向かうことが多くあります。また、その状況を、側で見ることにより、経験の浅い接客者もクレーム対応能力が上がります。

また、クレームの内容によっては、何度もお客の家にうかがうなどの行動が伴います。その時も、どのような状況の時は複数で行動するのか、その時のそれぞれの役割は何か、ルールを決めておくことが必要です。

③クレームへの協力体制をつくる

仲間がクレームを惹き起こした時に、知らん顔をしない接客者を育てなくてはなりません。何かあったら、状況が許す限り協力できる意識を接客者全員に持たせます。協力して対応されれば、お客の怒りが収まる割合が高くなります。

④示談書の作成

クレーム内容によっては、クレーム問題が再燃しないように、お客との示談書を作成することも必要です。

⑤クレームを受けた後の注意点

a　項目ごとに記録してクレーム担当者に送り保管する

次項30にクレーム報告書の見本を載せます。クレーム事例を分析して、類似のクレームを起こさないための対策をする資料です。自店の業務に合った項目を追加して、活用しやすい報告書を作成しましょう。時間が経過すれば、データとしてまとまり、自店のクレームの特徴などが分かります。

b　クレーム報告書の記録内容

クレーム区分、受付年月日・時間、担当者名、お客様名、住所、電話・ファックス番号、メールアドレス、苦情発生場所、クレーム内容、お客とのやり取り、原因、解決内容、今後の対策、反省などがあります。各店の顧客層、業務内容によって必要項目を追加します。

c　具体的に表現する

内容を記入する時に抽象的、感情的表現が多くなりがちです。後で検討する時に事実関係が正確に把握できるように、お客とのクレームのやり取りは、できるだけ忠実に会話の流れを思い出し、具体的に表現して記録する習慣をつくります。

d　クレーム内容の緊急度・重要度および発生頻度で分類する

重要度、緊急度によって、優先順位が違ってきます。また、会社・店の規模や発生数によって違ってきますが、1ヵ月、3ヵ月ごとに発生頻度によって分類します。自店で起きやすいクレームが分かります。

⑥クレーム対策会議の開催

会議というと業務活動のための関連項目が中心となり、どうしてもクレームに対する対策

はおろそかになります。しかし、今後はますますクレームを受ける機会が多くなりそうです。定期的にクレーム対策会議を行なうことが必要でしょう。最低でも月1回はクレームに特化した会議を行ない、クレーム技術の情報を共有化して、クレームに強い会社・店をつくらなければなりません。

⑦接客者のモチベーションをあげる

日々、クレーム対応に苦労する接客者にとって、クレーム数の減少や、クレーム対応でお客が喜んだ事例は、努力が報われて嬉しいものです。たとえ小さなことでも、何か変化があったら積極的に知らせるようにします。大きな変化の場合は表彰するのも良いでしょう。

クレーム報告書

受付番号

平成　年　月　日

主任	店長	社長

報告者名	

クレーム区分	1．料　理	2．接客サービス	3．その他

クレーム発生日			
発生場所			
お客様名			
住所			
電話番号		ファックス番号	
携帯番号		メールアドレス	
クレーム内容			
クレームのやり取り			

原　　　　因

解 決 内 容

今 後 の 対 策

反　　　　省

31 電話でのクレーム対応の注意点

電話でのクレーム対応は、面接対応と同じ双方向のコミュニケーションですが、電話の特質を踏まえて対応することが重要です。

①互いの状況が分からない

ア　こちらの都合を考えずに電話が来ます。忙しい時に電話を受けて乱暴な出方になると印象を悪くします。一息おいて出る工夫が必要です。また、かける時は「いま、よろしいですか」の確認の言葉が必要です。

イ　相手の不安を取り除くため自分の所属、氏名を名乗り、責任を持った対応をします。

ウ　たらい回しに感じられないように注意が重要。つなぎの言葉を工夫します（**41項**参照）。

エ　お客の氏名と連絡先を早い時点で聞き、名前を呼びかけ親近感を打ち出します。相手がメリットを感じる表現を工夫すると教えてもらいやすい。「お電話代がかかりますので、こちらからかけ直します。お名前と電話番号を教えていただけますか」。

オ　聞き取りにくい時は何度も聞くのではなく、文字を聞く方法もあります。「富士山の富士ですか」。声が小さい時は電話のせいにします。「お電話が遠いようですが」。

カ　必ず要所要所で相づちを入れて、聞いていることを相手に伝えます。返事に困る時は、無言の時間をつくって聞いていないような印象を与えないよう確認の相づちを入れます（**40項**参照）。

②コミュニケーションの手段は声のみ

ア　相手の気持ちが表情、態度などで読めません。聞き取りやすいように口を大きく開け、明瞭に話します。また早口にならないように注意し、テンポは相手に合わせます。

イ　目的は解決することなので、相手が感情的になっても巻き込まれず、お詫びの言葉、共感の言葉で応えながら冷静に対応します。

ウ　相手が考える時間の沈黙を適度に与えます。

エ　相手が電話を切ったことを確認してから受話器を置きます。

オ　くどくど同じことを話す相手には、途中で電話を切るような印象を与えないように、内容を要約して話し、内容を把握していることを分からせてから切ります（**40項**参照）。

③記録が残らない

ア　水掛け論にならないよう、必ずメモし復唱・確認します。録音装置がある場合は、会話記録が正確に残り、後で資料として活用できます。この場合も、必ずメモを取り、その場で正確にお客の申し出内容を聞き取るようにします。機械はいつ何かの都合で故障するとも限りません。その時でも記録が残るように。

32 手紙・メールでのクレーム対応の注意点

手紙・メールは一方通行のコミュニケーションです。それぞれの特徴を踏まえた対応が必要です。

①手紙

ア 手紙のクレームは、相手からの一方的な意思表示ですから、おおむね内容は理解できても、細部については完全に把握することはできません。基本的には、電話、面接などによる話し合いを行ない、正確な内容の把握が必要です。

イ 手紙を出す場合も、即答ではなく時間にゆとりがありますから、事実関係を正しく調査することができます。

ウ 内容は、①誠意のあるお詫びの気持ちを表わす ②事実関係の報告 ③具体的な解決案を提示 ④二度と起こさないことの意思表示——です。

エ 時間的ゆとりがあっても、分かり次第できるだけ迅速に対応しなければなりません。スピードのない対応では誠意を伝えることはできません。今後も、より深いお客とお付き合いをお願いすることが目的なのですから……。

オ 手紙は証拠として現物が残りますから、ビジネス文書のルールを守り、相手に敬意を表わし、正確に伝え、誤字、脱字がないように気をつけます。会社、店の評価になります。

②メール

ア　お客が怒った時に直接、容易にクレームを送ることができますから、迅速な対応が重要です。返事はメールを受け取ってから、遅くても24時間以内にしましょう。その前に必ず「確かに受け取りました」という受領確認のメールは必ず出して起きます。そうでないと、無視されたと怒りが大きくなる場合もあります。

イ　メールは簡単に他人に転送できます。出した状態の内容がそのまま公開されてしまう可能性があります。内容を考える時は、公開されるかもしれないことを前提として考えましょう。誤解される表現はないか、怒らせる言い方はないか、複数人でチェックすることを薦めます。

ウ　メールは、心理的な部分が正確に伝わりにくいので、基本的には、電話連絡のための、あるいは面接のための補助ツールとして使用する程度にした方が良いでしょう。

エ　文章は短く簡潔に書く必要があります。画面で見ると長文の文章は読みづらいものです。短く書くように習慣づければ、分かりやすく、言葉の遣い方で誤解を招くようなことも避けられます。内容量も行数を極力少なくまとめることが基本です。長文になる場合は、別にファイルをつくり、添付ファイルとして送る方が読みやすいでしょう。

33 クレーム対応ノウハウを身体で覚えるために

クレーム対応ノウハウを接客者全員が身体で覚えることが必要です。

①ポイントを覚える

第3章で詳しく書きますが、クレーム対応に重要なポイントが7つあります。これを知識で覚えていても、いざクレームの時には、使えません。なぜかといえば、興奮しているお客に対応する接客者も、やはり興奮状態にあります。そのような時に、えーと、ここで大事なことは何だっけなと思い出そうとしても、頭が真っ白になってしまって思い出せないのが普通です。そんな時にスムーズに対応ができて、経験の少ない接客者であっても、ある程度の対応ができるようになるには、ポイントを身体で覚えなければならないのです。

クレーム報告書を活用して、クレーム事例でのお客と接客者との対応を忠実に再現した資料をつくります。それを分析して、7つのポイントの何が足りなかったか考え、ポイントに合致した表現は何か、皆で考えます。最後に、その中の最適なものを雛形として残します。その過程で、ポイントが知識でなく身体にノウハウとして身につきます（**詳細は第4章**）。

②接客者同士でロールプレイする

接客者が客・接客者の役割に別れ、ロールプレイします。その時、必ず観察者を置き、言

葉で不快にさせていないか、表情、態度、語調はどうか、お客を不快にさせる要因がないかチェックします。終わった後に各々の役割で感じたことを話し合います。必ず皆に3種類の役割を経験させます。その時、相手の気持ちを配慮できるクレーム対応が覚えられます。

何種類かの雛形を覚えれば、内容の違うクレームの時でも、ポイントが自然と出て無駄にお客を怒らせない対応ができます。そうすれば、経験の浅い接客者でも、対応が完璧でなくても、少なくとも二次クレームに発展しないような対応ができるようになるのです。

③クレームの原因を取り除く工夫を必ず行なう習慣をつける

クレーム対応で重要なことは、二度と同じクレームを起こさないことです。クレームの原因を明確にし、ふたたび同じことが起きない業務環境をつくり、業務ルールとして確立させます。

第3章

クレーム対応7つのポイント

34 クレーム対応のポイント

ランチタイムで店内は混んでいました。4、5歳の子供づれの親子が「まだかなー、アッ来たかなー、何だ違うんだ」と待ちわびています。突然「あのおじちゃん、僕より後から来たのにハンバーグが先に行ったよ」と大声をあげました。母親が接客者を呼んで、

客「ねー、もう20分以上待っているんだけど」

接「ランチタイムで混んでいますから」

客「でも、あの人、私たちよりだいぶ後から来たはずよ」

接「料理の手順で多少、順番が狂うことがあるのです」

客「この子が注文したのもハンバーグよ」

接「オーダー通っているから、もうできると思います。もう少々お待ちください」

どうも提供する順番を間違えたようです。お母さんは泣いている子の手を引っ張って席を立ちました。ハンバーグを食べているお客もバツの悪そうな表情でした。

この時、お詫びの言葉とともに共感の言葉や、急いで提供する旨を伝えたり、子供に対しても「ごめんねー、お腹すいたよねー、もうすぐだから待っててねー」など、声をかける工夫があれば、この親子も帰ることはなかったでしょう。「忙しいから仕方ない」という理由

は通用しません。どんな時も、どんな状況でも、お客の不満を解消する努力が大切です。クレームがあったら、たとえ些細なことでも、クレーム対応のポイントを考えた対応が必要です。対応する仕方を間違えると、お客の怒りは余計、大きくなってしまいます。

いつも満足のいくサービスを心掛けていても、その時の状況でミスが発生することはあります。また、お客の勘違いで発生することもあるでしょう。ベテランの接客者でも、新人の接客者でも、正しく、素早い対応でお客の怒りを取り除き、信頼回復を図ることが必要です。そのためには、クレーム対応の7ポイントを、どんな接客者も身に付け、対応するように心掛けましょう。

クレーム対応の7ポイントは次のことです。

①　詫び言葉から入る
②　相手に話をさせる（相手の話をよく聞く）
③　ともに解決案を探す
④　受け答えをする時の言葉の工夫
⑤　態度と行動に注意
⑥　具体的な説明
⑦　タイミングの工夫

35 ①詫び言葉から入る

クレームは接客者への人格攻撃ではありません。感情的になり人格攻撃のように感じて、ともに怒りだし、喧嘩状態になってはいけないのです。クレームを訴えるのは、不愉快な気分が我慢できず、言わずにいられないから訴えたり、店が気がつかないサービス面での改善点を教えているのです。まず不快な感情を和らげなければ、冷静に解決に向かって話し合いもできませんし、勘違いの場合も気づいてはもらえないのです。

クレームが発生した場合、まず、しなくてはいけないことは、お客の感情を鎮めることです。それには詫び言葉が効果があります。詫び言葉をまず言って、相手の感情を鎮めます。

皆さんが混んでいる道で人がぶつかって来ても、知らん顔されたら腹が立つでしょう。でも「すみません、申しわけありません」の言葉を言われたら冷静になるはずです。詫び言葉は感情を抑える働きをします。まず、詫び言葉から入りましょう。

そう言いますと、「自分に責任があるなら詫び言葉を言えるけど、お客さまの勘違いだったり、他のスタッフが悪くて自分に関係がない時は詫び言葉は言えない」「悪くもないのにミスを認めているようで不利になる。まず、しなくてはいけないことは事実確認だ」という人がいます。この時、接客の基本的心構えを思い出してください。『お客さまの希望に叶うように対応し、気分の良い時間を過ごしてもらうように努力する』。たとえ店や自分に責任はなくても、店との関わりの中で、お客がクレームに関わった不快な時間を過ごしたことに対してお詫びするのです。それなら抵抗なく「申しわけありません」「すみません」という詫び言葉が言えるでしょう。

先日、和食の店で、私のテーブルの側を通りかかったお客が、酔っぱらっていたのか足下がふらついて、誤ってテーブルに手をつき、お茶をこぼしました。すると、接客者が飛んできて、「申しわけありません、お洋服にかかりませんでしたか」と心配しながら、こぼれたお茶をきちっと拭いて、その後、熱い新しいお茶を持ってきて「申しわけありません、ご迷惑おかけいたしました」と言ってくれました。この場合、店には責任はありません。酔ったお客が悪いのです。しかし、接客者は、店との関わりの中で、お茶をこぼされた不快な時間に対して詫びてくれたのです。詫び言葉をかけられたことで、しっかり教育の行き届いた店だなと、とても良い印象を持ちました。もしこの時、店は悪くないと黙ってテーブルを拭くだけだったらどうでしょう。「くつろいでいるのに感じ悪い店、もう帰ろう」と不快になったことでしょう。何かあったらまず詫び言葉です。

詫び言葉はミスを認める言葉ではなく、店との関わりの中で、不快な時間を過ごさせたことに対して、お客に気分よく過ごしていただくための言葉、感情を落ち着かせるための言葉です。

36 詫び言葉がある時とない時

自分で楽しみながら鍋を作る店で、二人連れの中年の男性客が怒り出しました。
客「なんだ、この店は、サービスの悪い店だなー」
接「エッ、何かご不満がありましたか？」
客「さっきから鍋が煮立っているのに作りに来ないじゃないか！」
接「煮立ってきたら具材を入れいただくようお願いしたと思いますが」
客「だから煮立っているのだから、サッサと作ってくれよ」
接「お客さま、ご自分でお作りいただけますか」
客「なんだ！　店の人間が作って、それぞれに取り分けないのか」
接「当店はご自分で鍋を作って、楽しんでいただいてます」
客「面倒くさいな！　ここへ来るんじゃなかった」
この接客者は「店の形態を知らないのが悪い、自分のミスではない」と思い、お詫びの言葉が言えず、お客を余計、怒らせてしまったようです。この時、お詫びの言葉を入れると感じ方が違います。自分のミスではなくても、不快な時間を過ごさせたことに対してお詫びすることが、マイナスになるかどうか、プライドが許さないか比較して考えてみましょう。

客「なんだ、この店は、サービスの悪い店だなー」
接「申しわけありません。何かご不満がありましたか？」
客「さっきから鍋が煮立っているのに作りに来ないじゃないか！」
接「申しわけありません。煮立ってきたら具材を入れていただくようお願いしたと思いますが」
客「だから煮立っているのだから、サッサと作ってくれよ」
接「申しわけありません、お客さま、ご自分でお作りいただけますか」
客「なんだ！　店の人間が作って、それぞれに取り分けないのか」
接「申しわけありません、説明が不十分で。当店はご自分で鍋を作って楽しんでいただいてます」
どうですか、お詫びの言葉を入れても、店にとってマイナスにはならないのではありませんか。

37 詫び言葉の意味を伝える工夫

クレーム対応には、まずお詫びの言葉でと書きますと、クレーマーから「詫びたんだから非を認めたんだろう。それなりの対応をしろ」と言われるのではないか、と心配する人がいます。しかし、心配することはありません。その時は毅然とした態度で、お詫びの言葉の意味を説明すればいいのです。「お客さまが勘違いをされて、不愉快な気持ちを持たれたことに対してお詫びしたのです。私どもがミスをしたのでお詫びをしたわけではありません」とはっきりと意味を伝え、なぜ勘違いなのか理由を詳しく説明して、相手の要求を拒否してください。お詫びの言葉から相手の要求を呑まなければならない事態にはなりません。

もうひとつ、お詫びの言葉を言う時に注意してほしいのは、気持ちを表わすための行動を伴なったお詫びをすることです。口先だけでお詫びの言葉を言っても、相手は納得しないでしょう。とりあえず謝っておけばいいと思っていると感じ、怒りはエスカレートします。

ある地方都市に講演に行った時のことです。仕事が終わり、その日はホテルに泊まりました。食事の後、次の日の仕事の打ち合わせも兼ねて、2階にあるラウンジに行きました。時間が早いせいか店内はがら空きです。空いているテーブル席を希望したのですが、カウンターでなければ困ると言います。仕方なく接客者が薦める席に座り、飲み始めて少し経つと新しくお客が入ってきました。すると我々が座っている隣の席に案内するのです。横の席にバックを置いていたのですが退かすように言います。他にも席がたくさん空いていると言うと、バテンダーが対応しやすいように1ヵ所にまとめたいと答えました。お客の気持ちを考えない対応に不快になりすぐ店を出ました。その都市では一流と言われているホテルのラウンジなのに、あまりにも接客が悪く飽きれ、フロントで鍵を受け取る時に苦情を言いました。すると「それは大変申しわけありませんでした、注意するように店に言っておきます」とニコニコしながら鍵を渡します。「いちいちうるさいなー、謝ればいいだろう」と思っているように感じられます。これでは店に注意はしないなと思いました。その後、何もなかったように「どうぞごゆっくりおくつろぎください」とにこやかな笑顔の対応は、馬鹿にされているようでますます怒りが大きくなり、二度とこのホテルに宿泊しないと思いました。

接客に笑顔は大切ですが、申しわけないという気持ちがあれば、このような晴れやかな笑顔にはならないはずです。言葉と一緒に丁寧なお辞儀も伴うでしょう。お詫びの言葉はお客の怒りを鎮めるために必要なポイントです。しかし、気持ちを表わす態度が伴わなければかえって逆効果です。お詫びの気持ちを態度で表わしながら「申しわけありません」の言葉を伝えてください。電話でお詫びする時も、相手には見えなくとも、お詫びの気持ちを込めて頭を下げ「申しわけありません」の言葉を言ってください。

38 ②相手に話をさせる（相手の話を聞く）1

クレームを受けるとつい何とかしなくてはと、事情説明や言いわけを一方的にしてしまうものです。クレーム処理の重要なことは、どう解決するのかということです。そのためにはまず、お客に話をさせ、どんな理由で怒っているのか、どんなことを望んでいるのかを知ることです。そうすれば、どう対処すれば良いのか、その方法が見つかります。勝手に原因や理由を想像して対処しても、的はずれな対応になり、お客の怒りが大きくなるかもしれません。

話を途中でさえぎるなどせず、腰を折らずに最後まで言い分を聞いて、事実を把握しなければなりません。中には感情的になり、大きな声で怒鳴りつける人もいます。でも、喧嘩をしに来たとは限りません。自分の不快な気持ちを分かってほしいだけなのです。感情的にならずに冷静に話に集中して、何に怒っているのか、どうして欲しいのかをしっかり聞いてください。「おかしな客」「うるさい、嫌な客」「クレーマーではないかな」など、余計なことを考えると、正確に聞くことができなくなります。あくまでも素直に事実だけを聞いてください。場合によっては、文句を言うだけ言ったら気持ちが納まって冷静になるお客もいます。

友人がスーパーの食品のレジで、エコバックを持っていることを伝えました。そのスーパーはレジ袋を使用しない場合は2円引きます。しかし、接客者はろくに返事もせず、顔も見ないで会計を済ましました。家に帰ってレシートを見ると2円引いてありません。わずかな額でしたが、接客態度が悪いために、このような間違いが起きたことを注意しようと、スーパーのお客様センターに電話をしました。2円引いてないと告げるとすぐ、名前と住所と電話番号を聞きます。対応の仕方が悪かったことを話そうとすると、「お名前は?」、名前を告げ、感じが悪いと言いかけると「ご住所と、電話番号を教えてください」。教えた途端に「すぐうかがいます」と言って電話を切ったのです。別に2円を返してほしかったわけではなく、お客に対して気持が向いていないことを言いたかっただけなのに。こちらの意見や都合も聞かない一方的な対応にだんだん腹が立ってきたそうです。スーパーの担当者が来た時には怒りが大きくなっていて、一言注意をしようと思っただけの電話が、クレームとして大きな問題にしてしまったそうです。おそらくクレーム対応マニュアルが決まっていて、クレームがあったら名前、住所、電話番号を聞き、担当者が詫びに行くことになっていたのでしょう。しかし、この場合、お客が何を望んでいるのか、話をさせずに対応してしまったので、怒りが大きくなったのです。

不快な気持ちを聞いてもらうだけで満足するお客も多いのです。しっかり話を聞き、事実を共有し、お客の感情まで理解することで、始めは興奮しているお客も気持ちが落ち着き、冷静になっていくことが多いものです。

39 ②相手に話をさせる（相手の話を聞く）2

聞く事は簡単なようでもなかなかむずかしいものです。特にお客の勘違いや間違いがある場合は、最後まで話を聞かずに途中で話の腰を折り、間違いを指摘したり、即座に反論をしたくなります。会社や店の正当性を主張したくなります。しかし、感情的になっているお客は素直に聞いてはくれません。ますます感情がエスカレートする恐れがあります。お客の気持ちを理解しようと最後までしっかり聞いてください。

その後で間違いを説明する場合も、「ご不快な思いをさせて申しわけありませんでした」「お身体は大丈夫ですか？」などの不快や不安に思っていることについて、受け止める言葉をかけてから説明します。理解してくれているという満足感から気持ちが落ち着き、会社や店側の説明にも耳を傾けてくれるでしょう。お客の感情を思いやる言葉をかけるためにも、最後まで話をしっかりと聞きましょう。

惣菜のテイクアウトの店に電話が入りました。前日の夕方に買ったシーフードサラダを翌朝、食べたら具合が悪くなったとのクレームです。口に入れた時から少し変な味がしたとか、体調のことを話そうとしているのですが、電話を受けた接客者はすぐに「昨日お買い求めいただいた商品の消費期限は昨日だったはずです。朝、召し上がったのでは品質が悪くなるこ

昨日買ったサラダを朝に……
消費期限は昨日なので店側の責任ではありません

ともあります。冷蔵庫に入れても安心できません。消費期限と賞味期限は違います」と間違いをはっきり指摘したのです。すると激しい口調で「私が悪いというの！半日ぐらいで悪くなるようなものは初めからおかしかったんじゃないの。えらそうに消費期限とか言うけど字がすれて薄くなっていてよく見えなかったわよ。そんなシール貼って置いて責任はないと言うの……」と、すごい剣幕で怒りだし、電話を切りました。

お客の感情を知ろうとせずに、即座に間違いを指摘したため、怒りが大きくなったのでしょう。体調が悪くなったが大丈夫か、何か原因があるのか、不安な気持ちで電話をしてきたのでしょう。その気持ちを聞き取る前に、店側の責任ではないことのみを強調したために怒らせたのです。まず身体のことを心配し、食材から考えて大丈夫とは思うが医者に行ったか尋ね、その後から消費期限の話をすれば説明を聞いてくれたことでしょう。

40　相づちの効果

話を聞こうとしても言葉がスムーズに出てこない人や、感情が高ぶっていて思うように話せないお客もいます。そんな時は、上手に相づちを打って、話しやすい雰囲気をつくってください。また、相づちによって、真剣に話を聞いていることが分かり、感情も静まり、冷静に店側の説明を聞いてくれます。効果のある相づちには3種類あります。

①同意する相づち

「おっしゃるとおりです」「もっともだと思います」「なるほど、そうですね」「ご面倒おかけいたしました」「それはお困りでしたでしょう」「ご不快でしたでしょう」など、気持ちをよく理解していることが伝わり、感情が納まりやすいものです。

②確認の相づち

「……と言うことですね」「つまり、……でよろしいのでしょうか」「……という状況になったのですね」「……が、ご希望だったのですね」など、正しく理解していることが伝わり、安心しやすいのです。また、確認する相づちは、電話の対応で活用すると以下のふたつの効果があります。

ア　なかなか電話を切らない

同じことを繰り返すお客に確認の相づちを打つことで、理解していることが分かり、繰り返しが少なくなります。また、長い話を打ち切りたい時に「調べましてご連絡いたします」と対応を打ち切ると、自分では同じことを繰り返していると思っていないお客は、「人の話を最後まで聞かない」「ちゃんと分かっているのか」と不満になります。この時「お客さまのおっしゃることは……でよろしいのですね。では、調べまして、ご連絡いたします」と対応すれば、自分の言いたいことが伝わっていることが分かり、不満が残りません。

イ　電話でなんと答えればいいのか分からなくなった時

お客の剣幕で答に困った時、黙って考えていると、相手にこちらの様子が分からないため、真剣に聞いていないと怒りが倍増する危険があります。確認の相づちを打ちながらどう答えるか考えると、沈黙することもなく真剣に聞いていることが伝わります。

③促す相づち

「それからどうしました?」「おさしつかえなければ、もう少し詳しくお願いします」

「Aはこうですね、ではBは?」

話しやすいように誘導することで、自分の考えを話すことができて満足感が生まれます。

この他にもクッション言葉（申しわけありません、すみません、恐れ入ります、お手数をかけます、おかげさまで、など）を活用して相づちを打つと効果があります。

41 担当者に替わる

先日、中国茶のティーバッグを買いました。カップに入れ熱湯を注ぎ4、5分待ちました。しかし一向にお茶の色が出ません。ティーバッグを揺らしてみても薄っすらとお茶の色がつくだけです。もちろん香りもありません。飲むのが不安になりました。中国茶の葉と違うものが入っているのではないかと……。気持ちが悪いのでそのお茶は捨てました。しかし、他のティーバッグも飲む気持ちがしません。すべて変なお茶なのではないかと、疑う気持ちが起こります。飲んで大丈夫なのか知りたくて、メーカーに電話をすることにしました。話し中でなかなか繋がりません。やっと3回目に繋がりました。

客「お宅のティーバッグを買ったんですけど」

接「ありがとうございます」

客「お湯を入れても色が出なくて……」

接「担当につなぎますので、担当にお話しください」

客「ええっ！」

そのまましばらく待たされてから担当者に繋がりました。中身を調べたいので送って欲しいという答でした。そのことに対しては別に不満はありませんが、早く不安な気持ちを話したいと思う気持ちがなかなか受け入れられず、不快感とともに不信感も起きました。その後の対応も不信感があるせいか言っていることが信用できず、二度とその会社の商品は買うのを止めようと思ったのです。

クレーム担当者の決まっている会社は、他の人が話を聞かずに担当に替わるシステムになっている場合が多いようです。おそらく何度も同じことを話させるのはいけない、話を聞いてから人が替わると、たらい回しのように思われるという理由のようです。しかし、疑問や怒りの大きいお客は、早く自分の気持ちを聞いてもらいたいものです。最初に対応した人に話したいのです。その気持ちを無視されると苛立ちが募ります。早く話したいと感じられるお客の話は、まず最初に対応した人が聞きます。一区切りつくまで口を挟まず相づちを打ちながらしっかり聞きます。その後で「ご不快な思いをおかけして大変申しわけありませんでした。何度もお話しさせて申しわけありませんが、担当の者と替わりますので恐れ入りますがもう一度お話いただけますか?」と理由を言って、替わってください。

担当に替わるという理由が分かっているので、たらい回しとは感じません。また一度、不快な気持ちを話しているので、担当者に替わった時は落ち着いて話すことができます。どんな気持ちでクレームを言っているのか、お客の気持ちを感じ取ってから、担当者に替わりましょう。

42 メモの活用

お客の話を聞きながらメモを取る習慣をつけてください。メモを取ることで話に集中ができ、頭の中が整理しやすくなります。５Ｗ２Ｈ（いつ、どこで、誰が、何を、なぜ、どのように、いくら）でチェックしながら聞いていきます。聞き洩らしていることに気がつき、確認しやすくなり、事実関係が把握できます。また、メモを取りながら聞く態度は、真剣に話を理解しようとしていると映り、安心感を与え、お客の感情が鎮まるのに役立ちます。

クレームは、お客が要望を生の声として届けて来たものです。不満な理由が分析でき、また、技術やサービス向上の指針となり、重要なマーケティング情報にもなります。

さらに、対応後、すぐにメモを整理して断片的な話をまとめ、対応中の事実記録としてクレーム報告書に残すことができます。対応に失敗した場合も、対応を振り返り会話記録とともに、メモの整理をすることで事実をしっかり把握できます。

前項**39**の対応の失敗例をメモの記録として残してみます。

いつ　○月○日

どこで　お客さまのご自宅からの電話

誰が　〇〇〇子

何を　・昨日の夕方6時くらいにお買い求めいただいたシーフードサラダを朝、食べて体調が悪くなった

なぜ　・消費期限が前日だったが、冷蔵庫に入れてあるため大丈夫と思っていた

・消費期限の文字がすれて薄くなって判別しにくい

どのように　・体調が悪くなるような食材があるか知りたい様子だが、分からないので答えなかった

・すぐに消費期限が切れていると伝えた

・店の正当性を伝えた

・消費期限と賞味期限の違いを教えた

・消費期限のシールが悪いことを指摘された

・対応時の言葉づかいに立腹され、一方的に電話を切られた

対応が成功した場合も、解決が途中の場合も、その都度、メモを整理して記録として残します。

43 聞くことがクレーマー対策

お客の中には大声で怒鳴り散らす人もいます。しかし、クレーマーではなく普通のお客が怒っているのかも知れません。それを悪質なクレーマーと思い対応すると余計、感情がこじれて解決がむずかしくなります。話をしっかり聞くことで、めちゃくちゃな要求をしているのかどうか判断がつきます。焦らずに口を挟まず探りながら、確認の相づちを打つだけで対応します。そして悪質クレーマーだと分かった時は、毅然とした態度で対応すればいいのです。その対応法は第5章を参照してください。あくまでも慌ててクレーマーだと判断しないように気をつけてください。聞くことはクレーマー対策にもなります。悪質な人は、接客者があわてて言ってしまった言葉尻をつかんでネチネチと突っ込んできます。相手に居直らせないためにも余計なことは言わないようにします。

あるレストランで中年の男性が接客者に怒鳴っていたそうです。

客「オイ！　これは何だ、これは！　虫だよなー。俺は虫入りの料理は頼んでいないんだけど」
接「確かに虫のようですが、この虫が料理に入るわけはないんですが」
客「入るわけがない。じゃー、俺が入れたというのか」
接「いいえ、そういうわけではありませんが。このような虫は店内で見たことがないです」

客「見たことのない虫がどうして料理に入っていたのかな？　おかしいじゃないか」
接「そう言われましても、分かりません」
客「気がついて食べなかったから良かったけど、もし食べたら気持ち悪いよな、不快だよな」
接「そうですね。気持ち悪いですが……。でも、お料理を運んだ時には、確かにこのような虫は入っていませんでした」
客「入ってなかったと逃げるわけだな。誠意ある対応をこの店はしないんだ」
接「そうではありません。おかしいですから、誠意と言われても……」
客「やっぱり俺がわざとしたというんだなー、俺を疑っているんだ！　ふざけるなー！」

接客者は、だんだん声も小さくなり、おろおろして泣きそうになっていました。他のお客のいる店内で、いかつい男性に怒鳴られてつい余計なことを言ってしまい、相手に付け入らせてしまいました。この時も「ご不快な時間を申しわけありません」「料理に虫が入っていたとおっしゃるのですね」「誠意を見せろとおっしゃるのですね」と確認の相づちだけを打ち、悪質かどうか見極めてから「誠意をどのように表わせとおっしゃるのですか？」と、毅然とした態度で対応することです。確認の相づちだけしか言わないと居直ることができず、わめくだけになります。他のお客もクレーマーと分かれば、そうした視線を送りますから、居づらくなります。

44 ③ともに解決案を探す

お客が望む解決案と会社や店の考えている解決案が違う場合があります。そのような時、「この方法しかできません」と会社や店側の解決方法を押しつけやすいものです。しかし会社、店の考えを押しつけると、お客は自分の考えに固執しやすくなります。人間は押しつけられると反発したくなるものです。特に人間関係が最悪になっているクレーム時には、なおさら注意が必要です。自分の希望に固執して会社、店側の考えを受け入れないか、解決したとしても、自分の希望通りでないという不満を残したままになります。押しつけるのではなく、常に話し合いの雰囲気をつくることです。焦って解決しようとするのではなく、時間をかけて話し合いを重ね、理想は会社、店側の考えをお客に納得してもらうことです。

そのために、プラスの印象を思い出してもらうような質問や話し合いを重ねていきます。同意の相づちや相手を思いやる言葉、また代案を提示したりしながら、徐々に店側の考えに誘導していくことです。

店内改装で夜中まで大きな音の工事を続ける店には当然、近隣の住民からクレームが発生します。対応をした店長は謝りながら、手順が手間取り、たまたま大きな音の工事が夜中までになってしまったこと、これからは、音のする工事は夜10時以降にしないように気をつけ、あと5日で工事が終わることを説明しました。しかし、住民はなかなか納得してくれません。工事をやめるわけにいかないし、なぜ協力してくれないのだろう、クレーマーなのかと悩んでしまいました。

これは話し合いの仕方に問題があったのです。何とか早く解決しようと思うために、一方的に解決案を提示したからです。住民にとっては店の勝手な都合を押しつけられたように感じたのでしょう。この時、最初にただ謝るだけではなく、遅くまで大きな音で眠れないことに共感し、同意の相づちを打ちながらお詫びをして、夜、何時ぐらいまでなら工事の音がしても大丈夫か尋ね、あと5日間で工事終了の予定だが、10時より早くに終わらせると日程が延びるが良いかどうかなど代案を出し、質問を重ねることです。また改装工事終了時に住民のメリットになることを説明します。店内が落ち着いた感じになり、ゆっくりと食事を楽しんでいただけるようになる。開店前に雰囲気の変わった店内を近隣の方に見ていただくパーティを企画しているなど、いままで以上に楽しく店を利用できることを説明します。そして、住民の方から10時くらいまでなら音のする工事と、5日間なら工事に協力しても良いと言ってもらえるように、言葉は悪いですが、誘導するのです。自分から解決案を出すのではなく、住民から店の考えている解決案を提示してくれるように話し合いをすることです。焦らずに、お互いに人間関係が生まれるように話し合いをしてください。

45 質問の効果

注文間違えの時の対応も、ともに解決案を探す姿勢を考えることが必要です。よくあるのは、「申しわけありません。すぐにご注文のお料理に作り替えます」と対応するケースですが、これもある意味で押しつけでしょう。「もう待つのは嫌だ、出ている料理でもいい」と考えているお客もいるはずです。時間がかかることに大きな不満を持ち「料理を作り直せばいいというものではない」と考える人もいるでしょう。人それぞれ考え方が違います。お客の気持ちを尋ねることで不満を少なくします。「申しわけありません。すぐにご注文のお料理に作り替えますが、よろしいでしょうか？　急いでご用意いたしますが5、6分お時間いただけますか？　いかがでしょう？」と、お客が決めるように質問するとよいでしょう。

楽しみに食事に行った店で、メニューを見てがっかりしたことがあります。1ヵ月ほど前に注文しておいしかった『バーニャカウダ』がありません。

客「バーニャカウダはないの」

接「それは、先月の特別料理で、今月はカラフルサラダになります」

客「しょうがないわねー、じゃ、それでいいわ」

仕方なくカラフルサラダを注文しました。しかし、食べてみるとアンチョビの味がきいた

ドレッシングがおいしいのです。この場合、次のように勧めてくれたら不満は起きなかったと思いました。

接「先月の特別料理でしたが、野菜料理がお好きなのですか？」

客「コクのあるソースに、いろいろな野菜をつけるのが気に入ったのだけど」

接「アンチョビをきかしたドレッシングはいかがですか？」

客「ドレッシングでもコクがあっておいしければ構わないけど」

接「彩り野菜にコクのあるアンチョビ風味のドレッシングのかかった、カラフルサラダが今月のお勧めですが、いかがですか？」

このように質問しながら勧めてくれたら、がっかりせずに興味がわき、楽しみにしながら料理を待てたのではと残念に思いました。

46 ④言葉の選び方の工夫１

クレーム対応の時、言葉の注意が足りないために、お客の怒りをより大きくし、火に油を注ぐ結果になることがよくあります。お客が接客者からの言葉を聞いて、気分を壊すのはどのような時でしょうか。以下、ふたつのケースで考えましょう。

ア　最初の事例は、お客の言うことを接客者が正しく理解しない時、また、接客者の言葉の意味が正確に伝わらず、分からない時です。

隣のテーブルでお客が「あら汁ふたつ」と注文をしていました。おいしそうと思い「こちらにも、ひとつください」と、ついでにその接客者に頼みました。しばらくして、他の接客者がふたつのあら汁を盆にのせて来ました。「あっ、来た来た」と言うと、私どものテーブルへひとつ置き、残りひとつを、ふたつ注文したお客のテーブルに持って行ったのです。当然ひとつ足りません。そこで「あら汁ふたつね」とお客が確認すると接客者が「はい」と応えました。しばらくしてあら汁をふたつ、そのお客のテーブルに持って行ったのです。「何んだよ、三つもあら汁頼んでいないぞ」とお客は怒っていました。

言葉はむずかしいもので、ちょっとした状況で正しく伝わらないのです。この時、お客は「頼んだのはふたつで、ひとつしか来ていない、ひとつ足りないよ」「なぜ一緒にふたつ持ってこないんだ」と不満の意味で「あら汁ふたつね」と言ったのでしょう。しかし接客者は、どのテーブルにいくつの注文か、伝票をチェックせずに持て来て、隣のテーブルで「あっ、来た来た」と言われ、つい先に置いてしまったのでしょう。ひとつ足りないお客が、不満と確認のために言った言葉を、新たにあら汁ふたつ頼むと接客者は理解してしまったのです。お客からすれば、きちっと注文しているのに接客者は正しく聞いてくれないと思い、ますます不快になり、接客者は新たに注文したくせに、いい加減なお客だと思うのでしょう。

言葉は安易に遣うと、この例のように誤解を生じます。ですから、普段からお客の言うことを正しく理解するよう心がけ、必ず意味を確認するようにしましょう。クレーム対応時に、いくら解決案を話し合っていても、お互いの理解の仕方が違うと感情がもつれるだけです。

お客と接客者が本当に分かり合うには、一方的にお客から聞くだけではなく、聞いた言葉の意味が正しいか、こちらから話す。あるいは、話すのみではなく、正しく理解されたか聞くことが重要です。「話す」と「聞く」の両方の工夫がされた時、お互いが分かり合えるのです。すなわち確認することが重要になります。

クレーム対応の時は余計、気をつけないと「言っていたことと違う対応だ」「くるくる回答が変わり、信用できない」と二次クレームに発展しかねません。分かり合うためにすることをしっかり意識して、確認の言葉を交わしてください。

47 ④言葉の選び方の工夫2

イ　お客が接客者からの言葉を聞いて、気分を壊すもうひとつの状況は、接客者の言葉がお客の自尊心を傷つけた時です。

人は誰でも自分が大切なのです。それぞれが自分を大事にしてほしい、分かってほしいと思っています。すなわち自尊心を皆、持っています。ところがその大切な自分に対して誰かに言葉で傷つけられると、その言葉を言った相手を受けつけなくなります。すなわち自尊心を傷つけられると、心の鐘がカチンとなってその相手を許せない、認めない気持ちが出てくるのです。自尊心を傷つける言葉はたった3種類しかないのです。

① 相手の考えや行動を否定する言葉。否定語
② 相手の価値を認めない言葉
③ 相手の立場を無視した言葉、自分の立場だけで言う言葉

この3種類の言葉を安易に遣ってしまうと、相手を怒らせてしまいます。そして、この種類の言葉は喧嘩をしている時に出やすいものです。しかし怖いのは、接客者の何気なく言った言葉が、知らないうちにお客の自尊心を傷つけ、無意識のうちに怒らせてしまうことです。特にクレームの時、お客は言葉に対して敏感になっています。自分では傷つけたと思わず、

怒りの理由が分からずにますます怒らせ、こじれることがあります。

スーパーの食品売場の責任者に、お客からクレームの電話が入りました。

客「お宅は店員にどんな教育をしているんだ。客に命令するとは」

ス「何かあったのですか？　詳しく話してください」

客「お金を払う時にカウンターに千円札と小銭置いたら、レジの横に付いている皿に、こっちに置けと顎をしゃくって言ったんだよ」

ス「精算はこちらにお願いしますと、レジの横に貼ってあるでしょう。カウンターに置かれると精算しにくいんですよ」

客「こっちだって小銭を上にある皿に入れるのは置きづらいんだよ。サービス悪いなー」

ス「お客さまが多いから、カウンターに置かれると時間がかかって、他のお客さまを待たせて迷惑かけちゃうんですよ。協力してください」

客「責任者がそんな考えだから店員も態度悪いんだ。客を客とも思わないような態度で」

ス「どのお客さまも協力してくれますよ。そんなこと言ってくるお客さまはいままでいません」

客「分かった、もうお宅にはいかない。店は他にもいっぱいあるんだから」

すべての応答に、お客の自尊心を傷つける種類の言葉が入っています（傍線部）。それに気づかないために、ますます怒らせてしまったのでしょう。

48 相手の考えや行動を否定する言葉……否定語

「できません」「ありません」「分かりません」「駄目です」「間違ってはいません」「御存じないと思いますが……」などの否定語は事実、その通りであることが多く、つい言ってしまいます。しかし、お客の要望を拒否している言葉ですし、音の響きもきつく感じます。安易に遣うと、お客の気分を壊すおそれが大きいのです。ところが実際は、接客者がこの否定語を遣う場面が多いようです。

ある寿司店に4人分の席を探しに入った時のことです。聞いてみると空いていたので、

客「いま皆を呼んできますから。どこかに名前を書いておきましょうか?」

接「うちはそういうシステムは取っていませんから」

そこで、近くで待っていた三人を連れてふたたび行くと、席はもう埋まっていました。

接「席ありません。いま先にお客さまが入ってしまったんで」

客「でも、呼んできますからと言ったでしょ」

接「無理ですよ。先のお客さまが優先ですから。だって、いつ来るか分からなかったし……」

客「何分くらい待つの?」

接「何分待つか分かりません」

すみませんというお詫びの言葉もないし、いい加減な対応に腹が立ちましたが、同時に、接客者の表現に否定語が多かったので余計、怒りが増したのかもしれません。

大体、接客者の対応が雑で、まったくお客の立場になっていないなと思えるのは、否定形の表現が多い時です。お客は自分の要望、希望に対して、頭から拒否されるのですからおもしろいわけがありません。

オーダーが違うというお客に対し、

「違います。お客さまが注文したものに間違いはありません。お客さまの勘違いです。ほら、伝票にちゃんと書いてあります」と直接的な否定語で対応してしまうと、お客が勘違いに気づいたとしても、自尊心が傷つき、私は客なのだという気持ちが起こり、「もういい！」と余計、怒らせ、帰らせてしまう惧れがあります。

49 相手の価値を認めない言葉

人は誰でも、自分の存在、考え方に価値を認めています。その価値を認めない言葉を言われたら、誰でも馬鹿にされたと感じ、不満や怒りの感情が生じます。「そんな意味で言ったのではない」と思っても、判断するのはお客です。だから、言葉は怖いのです。

つい使いやすい言葉には、次のようなものがあります。「メニューに書いてあるとおりですよ」「表の看板に出ていますでしょう」「そんなの常識ですよ」。

これらは、「きちっとメニューも読めないの、困るな」「あれだけきちっと書いてある内容なのに理解できないの」「常識のない人ですね」と言われているように感じ、カチンと来る可能性があります。特にクレーム対応の時に店側として毅然とした態度を取るつもりで、お客の価値を認めない言葉を出すことが多いようです。「なんだ、ずいぶん高いな！　高すぎるよ。もう少し安くならないか」とあまりにしつこく言われ、怒りの感情も起き、「うちはその程度の店ではありません」「お客さまがメニューを見て注文されたのでしょう」「それでしたら今後、利用していただかなくても結構です」とつい答えてしまう。これでは、「お客さまはうちを利用するレベル以下の方です」と言っているのと同じです。お客によっては、「偉そうな店だ、もう二度と来るか」と怒りが大きくなります。そのような言葉を避け「申しわけありません、値引きはお許しください」と言えば、怒りにはならないのです。
ランチタイムサービスのカレーを頼んだお客が、料理の質に不満があり、帰りにレジで
客「何だ、あのカレーは、肉がまるで入ってないじゃないか」
接「お値段がお値段ですから」
客「安い物を頼むからしょうがないというのか。それじゃーサービスにならないだろう」
と、怒鳴って帰って行きました。
「お値段がお値段」という言葉はつい出やすい言葉のひとつですが、「安い物しか頼まないのに文句を言うな」と言われ、馬鹿にされたように取れる言葉です。
客「火力が弱くて、肉が良く焼けなかったぞ」
接「またですか」
客「なにー！　うるさい客と言いたいのか！　いつも火力が弱いから言ってるんだろう。あんな肉の焼き加減じゃ金なんか払えない」
と怒らせてしまったのを目撃したことがあります。いつも火力の弱いことを指摘されるので、つい言葉が出てしまったのでしょうが、ゴチャゴチャと文句をつけるお客と言っているように聞こえます。自分ではその気がなくても、お客の価値を認めないように取られる言葉は多いですから、注意が必要です。

50 相手の立場を無視した言葉

お客は店を利用する時、「私は客だ」という意識があります。ですから、お客としての立場を無視したように思える言葉、あるいはお客の立場を考えない、店側だけの立場を押しつけるように感じられる言葉は気分を壊します。

料理が遅くていらだっているお客に、「人手が足りないので」と言っている接客者がいますが、これも店側の都合と思われる言葉です。人手があろうがなかろうが、お客には関係ないことです。「人手が足りないんだから、少しくらい待つのは我慢しろ」と、店側の立場を押しつけているように感じます。

クーラーが効き過ぎて寒いので、「寒いからもう少し温度を上げてくれない」と頼んだ時、「他のお客さまは何とも言っていないですから、これくらい我慢してください」と言われたことがあります。お金を払っているのに、何で我慢しながら食事をしなければいけないのかと思いました。これも店側の立場・都合だけで言っている言葉に感じます。

他にもクレームの時に良く出やすい言葉は「当社の決まりですので」＝お客がなぜ店の決まりを守らなければいけないのか、と感じさせる言葉です。「私どもの責任ではありません」＝お客の立場を考えない逃げの言葉に思うでしょう。「では、調べまして、ご連絡します」

＝これもまた「連絡するからおとなしく待っていろ」と、店の考えを押しつけているように感じます。自分ではお客の立場を無視していると思っていなくても、クレーム対応時のお客は神経が敏感になっているので、怒りを増幅させてしまうのです。店の考えを分かってほしいと思うために、つい押しつけと感じる言葉が出やすいので、気をつけなければなりません。また、店にとって嫌なお客であっても絶対、喧嘩をしてはいけません。

ある寿司屋で目撃したことです。その店は鮮度が良く安いことで有名、マスコミでも紹介され繁盛しています。お客がそこの主人に、ここは押し売りするのかと文句を言っていました。寿司のお土産を注文したら、他にいろいろ勧められたらしいのです。それに対して「それを言ったのはパートだろ。俺に言うのは筋違いだ。パートに言え！　ぐずぐず言うなら近所の高い店に行け！」とすごい勢いで怒鳴りつけています。お客も怖い顔で睨みつけています。信じられない光景でした。お客が多く、繁盛しているから慢心しているのかもしれません。

しかし、それを目撃した人は、どう思うでしょう。私には連れが4人いましたが皆、口を揃えて「気分悪い、もうこんな店は来るのは止めよう」と言い、それ以来、行かないようです。いつでもどんな時でも、お客と店側の立場は変わりません。接客の基本的心構えを思い出してください。『お客さまの希望に叶うように対応して、店で気分の良い時間を過ごしてもらう』ために言葉の工夫を怠ってはいけません。

51　自尊心を傷つけない話法

自尊心を傷つけないためには、次に述べる話法を意識することが必要です。こうした言葉遣いからお客の怒りを大きくすることはありません。状況に合わせて注意して言葉を選んでください。言葉の選び方により、お客は冷静になって不快感が消えることもあります。

ア　命令形言い換え話法

語尾を「です」「ます」で言っても、命令されているように感じる人がいます。「……してよろしいでしょうか」のように尋ねる形、「……していただけませんでしょうか」のように依頼形にすると表現が柔らかくなります。

・電話します　→電話してもよろしいですか
・電話ください　→電話いただけますか

イ　断定形言い換え話法

断定形で話すと押しつけられているように感じ、反発したくなります。この場合、「……と思いますが」のように相手に考えさせ、断定をぼかすようにする言葉遣いは、押しつけられた感じがしません。

・こちらの方法にします　→こちらの方法にしようと思うのですが

・これならご満足いただけます　↓これならご満足いただけると思うのですが

ウ　肯定語活用話法

だめ、できないのような否定形は、表現がきつく感じられ、不快感を与えます。同じ意味でも、否定語を肯定語に変えると柔らかく感じます。

・すぐにご返事はできません　↓明日にはご返事ができます

・2時間以上はご利用できません　↓2時間までご利用いただけます

エ　依頼形話法

否定語を「お許しください」のようなお願いの言葉にすると、受け入れてもらいやすいものです。

・値引きはできません　↓値引きはお許しください

・こちらはサービス券のご利用できません　↓こちらはサービス券のご利用はお許しください

52　注意したい話法

ア　受け入れ法

お客の勘違いのため訂正しなければならない時、すぐに間違いを指摘したり、否定すると自尊心を傷つけ、冷静に会社、店の考えを聞いてもらえません。落ち着いて間違いに気づいてもらうために、「確かに……」と、お客の言葉を受け入れ、その後、自分の考えを伝えることにより自尊心が守られ、話を聞いてもらいやすくなります。

・客「これじゃー、脂っこくて年寄りには無理じゃないか」

接「そんなことありません。ご年配の方も皆さま、召し上がっています」→接「確かに脂っこいように思えますが、上質の植物オイルで揚げておりますから、ご年配の方も皆さま、召し上がっていらっしゃいます」

・客「そんな説明じゃ分からないよ」

接「そんなことはありません。行ってみれば分かります」→接「確かにちょっと分かりにくいように感じられますが、行ってみれば分かりますよ」

イ　マイナスプラス法

ふたつの言葉の後ろにある言葉の方が記憶に残りやすいので、プラス面とマイナス面がある説明をする場合は、プラス面の言葉を後ろに持っていきます。これにより、プラス面のイメージが強く沸き、会社、店の考えを受け入れてもらいやすいものです。

・「この料理は低カロリーですが、少々お高くなります」↓「この料理は少々お高くなりますが、低カロリーです」

・「こちらの席はすぐにご用意できますが、外の景色は見えません」↓「こちらの席は外の景色は見えませんが、すぐにご用意できます」

ウ　共感のコトバ活用法

クレーム対応時は、積極的に共感する言葉を遣うことで、お客は不快な気持ちが分かってもらえた、自分の考えを認めてくれたと思い、冷静になりやすいものです。また共感の言葉や心配している言葉から親身になって考えていることが伝わり、会社、店の誠意を感じてもらうことができます。

・客「ここに置いておいた荷物がないんだけど」

接「どんな荷物ですか」↓　接「それは大変ですね、すぐお探しいたします。どんな荷物ですか」

・客「料理が出るのが遅すぎるよ」

接「申しわけありません」↓　接「そうですよね、料理がなかなか出ないとイライラしますよね。申しわけありません」

53 クッション言葉の活用

クレーム対応時のお客の心理は感情的になっていることも多く、普段では気にしないような言葉でも、敏感に反応しやすいものです。そんな心情を考えずに一方的に説明をしても不快感が増し、余計、気分を害することも少なくありません。話法を考えるとともにクッション言葉を多用することで、不快な気持を緩和することができます。

クッション言葉は、お客の気持ちを和らげる効果のある言葉です。代表的な言葉としては、「申しわけありません」「すみません」「恐れ入ります」「恐縮ですが」「ご迷惑おかけいたしますが」「失礼とは存じますが」「お手数ですが」「お忙しいとは思いますが」などです。

クッション言葉がある時とない時の違いを書いてみます。

ア　お客の意に反する時

・「料理が遅い」と言われた時

「順番にお作りしておりますので、もう少々お待ちいただけますか」→「申しわけありません、順番にお作りしておりますので、もう少々お待ちいただけますか」

・「外人接客者だと、こっちの言うことが伝わらない」と言われた時

「ゆっくり話していただけますか」↓「恐れ入りますが、ゆっくり話していただけますか」

イ　否定語を使う時

・「この辺の地図ないの?」と聞かれた時
「ないんです」↓「すみません、ないんです」
・メニューにないものを注文された時
「メニューにないものはできません」↓「申しわけありません、メニューにないものはできません」

ウ　依頼する時

・状況説明をしている時
「それをご覧ください」↓「恐縮ですが、それをご覧ください」
・「金額が違う」と言われた時
「レシートを見せていただけますか」↓「お手数ですが、レシートを見せていただけますか」

エ　抗議する時

・お客の勘違いを指摘する時
「もう一度、お調べいただけますか?」↓「ご迷惑をおかけしますが、もう一度、お調べいただけますか?」

54 気持ちは語調で伝わる

隣のマンションの1階の店が店内改装を始めました。夜中も工事を続行していてうるさくて眠れません。お客様相談室に電話をすると丁寧に謝ってくれ、10時以降は音のする工事をしないよう責任者に注意すると約束してくれました。その後3日間は静かでしたが、次の晩また大きな音が朝方までしています。「注意すると約束したのに」と怒りが沸き、前回の女性に電話しました。すると彼女は知らなかったのか、びっくりして、もう一度注意をする、責任者に謝りに行かせると約束してくれました。彼女の語調から誠意を感じ信頼できました。「エエッ、(間を置く)(かみ締めるようにゆっくりと) まだ夜中に工事をしているんですか。(テンポ速く、独り言のように) 10時以降は気をつけると言ったのに。(強く、ゆっくり気持ちを込めて) 申しわけありません、もう一度責任者にきつく注意いたします」

このように語調の変化から気持ちが伝わって来たのです。この時、一本調子の語調でモソモソした発音だったら「ごまかしてる、誠意がない」と思い、不満は解消せず、二度とこの店は利用しないと思ったでしょう。親しい人にも店の悪口を言ったと思います。気持ちを語調から伝えることは重要です。会話をする時に、間、緩急、強弱などを意識してください。語調の変化がうまくできない人は、新聞の記事にそれぞれの印をつけ、声を出して印どおり

に読む練習をしてください。特に〝間〟は効果がいろいろあります。

間の効果を考えてみましょう。会話は話すものですが、話さないで黙っている時間をつくることで、より分かり合えることができるのです。この黙っている時間が間になるのです。

ア　印象を強める……強調したい言葉の前か後に間を取ることで、印象づけることができます。言葉の前に間を置くと、次に何を言うのかと期待しながら次の言葉を聞いてくれます。言葉の後に間を取ると、言葉の意味を考えてもらえ、深く心にしみ込みます。

イ　質問を有効にする……質問の後にゆっくり間をとることで、相手がじっくり質問を検討し、考える時間ができます。一諸に話をしているという気持ちが起きて来ます。お客の顔を見て間を取り、会話が続けやすい工夫をしてください。

55 語調の重要性

言葉の選び方は気をつけていても、語調によって不快感を増すこともあります。一生懸命に説明しようとすると日頃の語調が出てしまうものです。日頃から意識することが必要です。

ア　第一音節に注意

ランチタイムにパスタの店に行きました。店内は混んでいて、若い男性の二人の接客者は忙しそうです。「すいません、3人なんですが」と友人が声をかけると「すみません、順番ですから少々お待ちください」と怒鳴られてしまいました。びっくりして皆で顔を見合わせてから外を見ると、5組ほどのお客がベンチで待っています。それで分かりました。彼は怒鳴ったわけではなかったのです。何人かのお客に席があるか何度も聞かれ、忙しくてイライラしたため、第一音節を強く発して怒鳴ったように聞こえてしまったのでしょう。

第一音節は強く発すると高圧的、きつい感じに聞こえます。クッション言葉でもきつく聞こえます。対応中にイライラして来た時は要注意です。一呼吸することにより、柔らかく出ると思ってください。それだけで高圧的な、きつい感じはなくなります。

イ　語尾（イントネーション）で感じ方は違う

語尾は上がる、下がる、上がって伸びるのでは随分、違います。次の接客者のセリフの語尾を上げて言う時、下げて言う時、上げて伸ばして言う時を考えてください。感じ方が違ってくるでしょう。

接「お飲み物は何になさいますか」
客「ワインがいいんだけど、やっぱりこのお料理だったら赤かしら？」
接「さようでございますね。赤ワインの方がよろしいかと思いますが」
客「あまり渋味があるのは弱いんだけど」
接「では、こちらのものでしたら、あまり渋味がなくよろしいかと存じますが」

同じことを言っていても語調で感じが違います。まず語尾を下げて言ってみましょう。語尾が下がると冷たい、詰問的な感じがします。日頃から言い方がきついと言われる人は語尾が下がっているかも知れません。語尾を上げてみてください。柔らかい、優しい感じになるでしょう。ただし語尾を上げるのは良いのですが、上げて伸ばさないでください。軽い、いい加減な感じになります。日頃「いらっしゃいませー」「失礼しまーす」「ありがとうございましたー」などと言っている人は、意識して直してください。クレーム対応の時に、偉そうに高圧的だと思われたり、また、誠意の感じられない、いい加減なことを言っていると思われ、不快感を増すことがあります。語調でお客に誤解されないように気をつけてください。

自分の語調はなかなか分かりにくいものです。ぜひ親しい人に聞いて直してください。

56 ⑤態度と行動に注意

態度は言葉と同様、お客の感情に大きく影響します。昔から態度は心の表われと言われています。相手は見ています。態度を見ることによって勝手に内面を判断してしまいます。自分では誠意を持って対応しているつもりでも、お客から見て不快な態度があると、いい加減にごまかそうとしていると思われてしまうのです。判断するのはあくまでもお客です。自分がどんな風に見られているか意識することが大切です。

いつもニコニコと笑顔の良い店長。お客から料理の味が以前と変わった、大事なお客を接待したのに、あんなまずい物を出されて恥をかいたとクレームがありました。あわてて味を確かめましたが、変わりありません。その日の体調によって、味覚が変化するようなことがあると説明しましたが、お客は聞き入れてくれません。何とか分かってもらおうと「もう一度召し上がっていただけませんか？　味が変わっていないことを分かっていただけると思うのですが」とつい、いつもの笑顔で言ってしまいました。すると「なんだ、私をごまかそうとしているのか」と怒鳴りだしました。笑顔で説明することが誠意のない対応と思ったようです。いつもの親しみのある笑顔が、クレーム対応の時は不誠実な態度と見えたようです。

身についた態度で誤解を生みましたが、反対に気持ちがそのまま表われてしまい、お客を激怒させてしまうこともあります。態度と気持ちは一致しています。いくら説明しても分かってくれないお客に対して「わからずやの嫌な客だなー、クレーマーかも知れない」と思うと、相手を疑うような目つきと表情になってしまい、それを見て、途端にお客の怒りが増してしまうこともあります。

お客に対応する時は絶えず接客の基本的心構えを考えてください。『お客さまの希望に叶うように対応して、気分の良い時間を過ごしてもらうように努力する』。いまお客の希望していることは何か、不快な気持をどうしたら回復できるか、に集中してください。心と態度は一致しています。真摯な態度で接することができるでしょう。

また無意識の態度で誤解を招くこともあります。接客者同士で日頃からチェックをし合い、自分の悪い態度を知り、客観的にチェックすることも重要です。

語呂がよく、覚えやすいチェックの言葉があります。「背、目、手、足、服、癖」――口の中で何回か言ってみて下さい。馴染みやすいでしょう。この言葉でクレーム対応時に客観的にチェックします。無駄にお客の怒りを増幅することがなくなります。

A君は仲間から無意識にきつい眼差しで相手を見ることがあると注意されました。またついふんぞり返る姿勢を取ってしまうことも多いようです。そこで「背眼手足服癖」で時々チェックをするようになってから、お客から偉そうだと言うクレームがなくなりました。

57 気をつける態度と行動

態度は相手が見て刺激を受けるので、態度を工夫することにより感情を落ち着かせることができます。クレーム対応の時、積極的に態度を意識することでお客の気持ちに影響を与え、解決に効果があります。

○立ち姿勢……ふんぞり返ったり、仁王立ちになったりして、威圧感を与えないように注意
○姿勢………少し前のめりになり、一生懸命に話を聞いている様子を見せる
○座り姿勢…深く腰掛けて椅子の背により掛らず、浅く腰かけ、背筋は伸ばすことを意識
○視線………相手と目を合わせなかったり、キョロキョロと動かしたり、睨みつけたり、眉間に皺をよせたりしないように気をつける
○視線………相手を柔らかく見る、また相手が真剣になった時は、しっかり相手の目を見る
○頷き………ボーッと聞いている印象を与えないために、頷きはしっかりと相手に分かるように打ち、同意する気持ちを表わす工夫が必要
○表情………聞いている気持ちが伝わらないような無表情や、照れ隠しのようなニヤニヤした笑顔は相手を不快にする
○表情………神妙な顔つき、また柔らかい表情で話を聞く

○手……腕組み、後ろ手は、偉そうな高圧的な印象を与える

○手……持っている書類を折ったり曲げたりすると、落ち着いて話を聞いていないように思われる

○足……足を組んで座ったり、足を投げ出すような座り方は横柄な感じを与える

○服……ユニフォームがある時は着用する。ない場合は、だらしなく見られない服装、派手な遊び着的な服装は禁物

お客の家を訪問することも、お詫びの気持ちを表す行動で、誠意が伝わりやすい。二人で組になり一人がお客に説明をし、一人がメモを取ることで、後で意見の食い違いを防ぐことができます。また、真剣な対応と感じさせ効果が生まれます。

58 ⑥具体的に話す1

クレーム対応では、クレームの原因、今後の対応方法、お客の勘違いを正すなど、説明することが多くあります。その場合は、具体的に話すことを意識してください。言葉の理解の仕方は人それぞれ違います。お客と共通理解をしない説明だと、勝手な思い込みから、約束をしたことを守らない、いい加減だと不信感を持たれてしまいます。具体的な説明で共通理解になるよう注意が必要です。

賞味期限がおかしいとクレームの電話がありました。話を聞いてみるとまだ賞味期限前の商品なのに味がおかしい、おまけに変な臭いもするという訴えです。対応した接客者はあわてて「賞味期限前に商品が悪くなるのは、何か原因があると思います。ただちに原因をお調べいたしますので、その商品は召し上がらないでください。新しい商品を送らせていただきます」と説明した後で、詳しい状況を聞いてみると、1ヶ月ほど前に開封して、まだ三分の一ほど残っている物をしまっておいたという話です。賞味期限とは開封前の期限であり、開封した場合は、商品が悪くなることがあると説明しました。お客は、賞味期限の理解の仕方が違っていたことを納得して電話を切りました。解決したと思い安心していたところ、1週間ほどして怒りの電話がかかってきました。原因を調べ新しい物を送るという約束が守られていないというのです。賞味期限の意味を理解していただけたのではと確かめると、そのことは分かったが、自分の食べたものに関しては、初めに、調べて新しい商品を送るという約束だったというのです。お客の勘違いから商品が悪くなったことを理解してもらい、その後の対応はいらない、一件落着と思っていたために起こったことでした。このようなことが起こらないためにも、お互いに共通理解になるよう具体的に説明をして確認することが必要です。

具体的に話すとは、一言で言わないで、お互いに共通理解になるように言葉を付け加えることです。人は話を聞いて自分の経験や考え方などで頭の中にイメージや情報を浮かべます。話し手が浮かべている頭の中のイメージや情報と一致したら、分かった、理解したということになります。しかし、言葉が少ないと、聞き手だけの経験や考え方などでイメージや情報を判断するため正確に伝わりにくいのです。この場合も「申しわけありません。賞味期限は開封前の状態での品質保証の期間です。今回はお客さまが開封した後に、1カ月経ってからお使いになったため起こったようです。まことに申しわけありませんが、品質保証の範囲外になります。そのような事情ですので、新しい商品とのお取り換えはできかねます。申しわけありません。ご理解のほどよろしくお願いいたします」と、最後まできちんと理解していただくように、具体的な説明と具体的な確認をすればよかったのです。賞味期限の意味は理解してもらったから、すべて了解したと思ったのが失敗だったようです。

59 ⑥具体的に話す 2

一言で言わずにイメージが一致して情報が正しく伝わるためには、次の4項目を日頃から意識し説明することで、クレーム時にも誤解を生まない説明ができるようになります。

ア　数字の活用

数字は共通認識になりますから、数字に置き換えられるものは数字に置き換えます。

「料理が遅い」と言われたら⇩×「いますぐにできますので…」○「5分以内にできますので…」

イ　対比、比較

お客の知っている知識を例にあげて、対比、比較をして分からせます。

大きさの説明時⇩×「かなり大きいです」○「入口のドア模様くらいの大きさです」

ウ　5W2Hでチェック

「いつ、どこで、誰が、何を、なぜ、どのように、いくら」で、この中の必要な情報が抜けていないかチェックして、抜けている情報がある時は付け加えます。クレーム時は、〝なぜ〟が抜けると説得力に欠けることが多くなります。

エ　五感の活用

「視覚、聴覚、嗅覚、味覚、触覚」を活用することで、イメージが湧きやすくなります。

熱い料理を提供時、「鉄板が熱くなっていますので、召し上がる時はご注意頂けますか?」

また実物を見せて、視覚を活用することは、具体的な説明に効果があります。

先日、しゃぶしゃぶを注文する時に、特選霜降肉と極上霜降肉の違いを尋ねました。

「特選は北海道産で極上は茨城産の牛です」

「産地が違うだけ、味には大きな違いはないの?」

「さ〜、分かりません。産地が違えば味も違うんじゃないですか」

「その説明じゃ分からないから注文できないわ。もう少し分かるように聞いて来てくれる」

一瞬、いやな顔をしてからその接客者は下がり、少しして店長らしき人が皿に2枚の肉を載せてやってきました。

「見ていただけると分かりやすいと思い、持ってきました。極上は、このように霜降りが細かい目のようになっていまして、特選は、こちらのように少し粗い目になっています。極上の方がより柔らかくて、とろけるように感じます」

と見せながら説明してくれました。肉を見ながら説明を聞くことで、より違いが分かり納得して注文ができました。日頃から接客者が、店長のように具体的に説明して、それでも不充分なら、「よりお分かりいただくために、お肉をご覧になりますか?」と尋ねれば、不満は生まれず、店長の手を煩わすこともなく注文できたでしょう。

60 ⑦タイミングの工夫

クレーム解決の話し合いがなかなか進まない場合は、まず最初に不快な気分にさせたことにお詫びを言った後、対応する人を替える、話し合いの場所を変える、時間をおいた後にまた話し合いをするなど、人、場所、時間を変えることで効果が出ます。

◎**人**……お客はさまざまで、当事者が謝るだけで納得する人もいれば、責任者が謝らなくては気が済まない人もいます。あるいは、大げさに騒ぎ立てる人、なるべく穏便に済ませたい人などいろいろです。いくら説明をして謝っても受け付けない場合は、10分くらいを目安に、決定権を持つ責任者や経験のある人に替わったり、お客と親しい人がいる場合は、その人に替わって話し合うと、お客に信頼感が生まれ解決しやすいものです。

◎**場所**……他のお客の目のあるところだと落ち着いて話せず、解決がなかなかできないことがあります。静かで落ち着いて話せる事務所などに移り、真正面から顔を合わせないように、90度の位置に座ると落ち着いて話し合え、効果があります。また、お茶を出して飲んでもらい気分を変えたり、窓を開けて空気を変えることで雰囲気が変わり、話が進展しやすくなります。

◎**時間**……お客が会社、店の話を聞いて、考えてもらうことができないほど興奮している場

合、また、お客の勘違いでクレームになっていることに気がついてもらえない場合、あるいは、マイナス条件が強く、不利な条件しか受け入れてもらえない場合などは、後日に改めて話し合うことで解決しやすくなります。
　たとえば雨の日、店の傘置きに置いた傘がなくなった場合、すぐにどうするかを話し合わない方がいいでしょう。雨が降っているのに困るという気持ちが強く、落ち着いて考えてもらうことができません。お気に入りの傘だったからと高額品を要求されることもあるでしょう。「間違えて持っていったお客さまが、後で気づいて返しに来てくださることがよくあります。お名前と連絡先を教えていただけませんか。今日は代わりの傘をお持ちいただきまして後日、お話しさせていただくわけにはいかないでしょうか」と対応し、話し合う時間を先に延ばします。晴れた日、気持ちも落ち着いて話し合え、解決がしやすくなります。

第4章

効果の上がるクレーム技術習得法

61 クレーム技術習得法

クレーム対応ノウハウを接客者全員が身体で覚え、落ち着いた対応になるための技術習得法を考えましょう。

①クレーム事例を任意に選び、題材にする

店に対するクレームの中から、発生頻度の多いものを順に選び、題材とします。クレーム報告書に記録された情報を基にして、クレームが起こった時のお客と接客者とのやり取りを忠実に再現した資料を作ります。

②ポイントを探す

資料に記された会話のやり取りを分析して、クレーム対応の7つのポイント（①詫び言葉から入る ②相手に話をさせる ③ともに解決案を探す ④受け答えをする時の言葉の工夫 ⑤態度と行動に注意 ⑥具体的な説明 ⑦タイミングの工夫 **88頁〜**）の何が足りなかったか、そのポイントを皆で考えます。そして、足りないポイントを資料に書き込んでいきます。接客者の言葉は、どのポイントが足りないからお客の怒りが大きくなったのか、この言い方は何番目と何番目のポイントが足りないから、お客を怒らせたというように、それぞれの言葉ごとに考えます。

ポイントを書き込むことにより、お客とのやり取りをどのような方向へ進めたら、一番効果があるか、分かってきます。

③足りないポイントを言葉で表現する

次に、ポイントに合致した表現は何か、どのような言い方をしたらいいか、思いつくままに皆で考えて書き込みます。それぞれの考えを話し合うことで、7つのポイントが単なる情報ではなく、身体で覚えた知識として自然に身につけることができます。

④最適な対応法を選び、雛形とする

最後に、皆で考えて出した言い方の中から、最適なものを雛形として記録し、残します。考える過程でポイントが身についていますから、それを時折、ロールプレイングすることにより、応用の効くクレーム技術が身につきます。

62 急にサービスを中止する場合①

クレーム技術を習得するための参考例に以下、いくつかのサンプルを掲げます。順次、前項**61**に照らし、考えてください。

①過去のクレーム例

和食店の常連客がいつものように楽しく食事をしました。帰りに会計をするためのレジで接客者とのやり取りです。

客「じゃー、ポイントカードはこれね。次回4000円安くなるわね」

a接「もう、ポイントカードは、やっていません」

客「えっ、あと3ポイントで600ポイントになるからって、前回、来た時に言われたわよ」

b接「ほら、そこの壁に先月でポイントカード終了になることが貼ってありますよ」

客「先月来ないから知らなかったわ。それなら手紙でもくれるべきでしょう」

c接「それは私には分かりません」

客「じゃー、このポイントどうするの、折角、貯めてきたのに」

d接「400ポイント分の2500円を引きますよ」

客「何よ、たった3ポイント足りないだけじゃない。今日だってたくさんポイントが付くはずだったんだから、600ポイント分の4000円引いてよ。女将さんを呼びなさい」

②クレーム対応のポイントで分析

a接「もうポイントカードはやっていません」

ア：①詫び言葉がない　イ：④言葉の工夫（否定）

b接「ほら、そこの壁に先月でポイント終了になることが貼ってありますよ」

ア：①詫び言葉がない　イ：④言葉の工夫（価値、共感）

ウ：⑥具体的な説明

c接「それは私には分かりません」

ア：①詫び言葉がない　イ：③ともに解決案

ウ：④言葉の工夫（否定語、共感）

d接「400ポイント分の2500円を引きますよ」

ア：①詫び言葉がない　イ：③ともに解決案

ウ：④言葉の工夫（立場、共感）エ：⑤態度と行動に注意

エ：⑦タイミングの工夫

（この項続く）

63 急にサービスを中止する場合②

③足りないポイントを言葉で表現する

a～dの接客者の言葉をさらに分析していきます。

a接「もう、ポイントカードは、やっていません」

←

「申しわけありません、現在はポイントカードのサービスは終了いたしました。いままでありがとうございました」

ア：ポイントカードを楽しみにしているお客に対して、詫びる姿勢を見せます。

イ：「やっていません」のような直接的な否定語は余計、不快感を増します。

b接「ほら、そこの壁に先月でポイントカード終了になることが貼ってありますよ」

←

「申しわけありません。ポイントの器械が壊れたために先月で終了させていただきました。楽しみにしていただいたお客さまには大変ご迷惑をおかけしております。お客さまには店内においてポイントカード終了のお知らせをさせていただきました」
ア：一方的に終了したので、お詫びをしなければいけません。
イ：がっかりしているお客の気持ちを配慮して共感の言葉が必要です。
ウ：なぜ終了になったかを具体的に話すことで分からせることができます。

c 接「それは私には分かりません」
↓
「申しわけありません。確かに、先月いらっしゃらないお客さまにはご連絡をするべきですね。急に決まったことで、ご迷惑をおかけしました。責任者に聞いてまいりましょうか」
ア：急にサービスを中止するためには、登録しているすべてのお客に連絡をしなくてはいけません。詫び言葉とともに共感の言葉が必要です。
イ：自分が知らないことに関しても、「知らない、分からない」という逃げの姿勢はいけません。分かる工夫をしましょう。
ウ：納得させるためにも、解決案をともに探す姿勢が重要です。

（この項続く）

64 急にサービスを中止する場合③

d接「400ポイント分の2500円を引きますよ」
↓
お客が責任者に聞かなくて良いと言った場合
「申しわけありませんが、600ポイント分をお引きできると良いのですが、私の一存では400ポイント分の2500円までお引きすることになります。それでよろしいでしょうか」
ア：不快になったお客へは、誠意を見せるためにも、詫び言葉は何度でも必要です。
イ：自分でできる範囲の対応しかできないので、共感の言葉を活用します。
ウ：あくまでも押しつけた解決案にならないように、話し合いの雰囲気をつくります。

お客が責任者に聞くことを望んだ場合
「それではいま、責任者に聞いてまいります。すぐにもどりますので、少々お待ちくださいませ」
ア：自分で判断ができない場合は、できる人と替わって解決案を話してもらう。

イ：解決するために、急いで行動をする。

④対応の留意点

ア：ポイントカードは、お客に特典を与えて来店してもらうシステムです。店側の事情で終了する時は、登録者全員に知らせなければいけません。店内だけの告知では、しばらく来なかったお客への告知ミスが起きます。それは不満の種として残ります。

イ：告知の時期は、余裕を持って決めます。サービスが目的ですから、お客の望むように多少の融通を利かせないとクレームの元になります。

65 靴がなくなる①

① 過去のクレーム例

ある居酒屋の座敷で飲んでいたお客が帰る時です。

客「ちょっと、ここに脱いでおいた私の靴ないよ」

a接「その辺にありませんか」

客「ないからないって、言ってるんだよ。どうしたんだよ」

b接「いやー、忙しくて、靴まで見ていられないもので……」

客「ここで靴脱ぐように言ったでしょ」

c接「えっ、私、言ってませんよ」

客「あなたが言ったって言ってないでしょ。他の接客者が言ったんだよ。それより、靴どうしてくれるんだよ」

d接「どうしろと言われても……」

客「それに、裸足じゃ帰れないだろ」

e接「じゃー、このサンダル使ってください」

その対応にお客は怒り、怒鳴っていました。

② クレーム対応のポイントで分析

a 接「その辺にありませんか」
ア：①詫び言葉がない　イ：②相手に話をさせる　ウ：④言葉の工夫（立場）

b 接「いやー、忙しくて、靴まで目がいかないもので……」
ア：①詫び言葉がない　イ：④言葉の工夫（立場・共感）
ウ：⑤態度と行動に注意

c 接「えっ、私、言ってませんよ」
ア：①詫び言葉がない　イ：④言葉の工夫（立場・共感）

d 接「どうしろと言われても……」
ア：①詫び言葉がない　イ：③ともに解決案
ウ：④言葉の工夫（立場）エ：⑥具体的な説明

e 接「じゃー、このサンダル使ってください」
ア：①詫び言葉がない　イ：③ともに解決案
ウ：④言葉の工夫（立場、共感の言葉）エ：⑤態度と行動に注意
オ：⑥具体的な説明　カ：⑦タイミングの工夫

（この項続く）

66 靴がなくなる②

③足りないポイントを言葉で表現する

a接「その辺にありませんか」

↓

「申しわけありません。お客さまのお靴はどのようなお色で、どのような形でしょうか」

「すみません、直ぐお帰りになれるところ、お時間取らせて。紐のない黒の革靴ですね」

ア：靴がないという点で不快なことに遭遇したお客には、まず詫び言葉から入り、気持ちを静めます。

イ：お客の状況を確認するために、まず聞きます。靴の形、色、大きさなど、お客の靴がイメージできるように具体的に聞きます。

ウ：正確に聞くことで、お客のトラブルに真剣に向かい合い、関心を示していることになります。

エ：靴の形、色を聞いたら、復唱し、一生懸命、探す行動が必要です。

b接「いやー、忙しくて、靴まで見ていられないもので……」

c接「えっ、私、言ってませんよ」

「申しわけありません、もしかしたら、他のお客さまが間違えて履かれて帰ったのかもしれませんね。折角、お酒を楽しんでいただきましたのに、お帰りにご迷惑をおかけして申しわけありません」←

ア：bとcのケースは、自分は接客する立場で、お客に接している時は店の代表であるという意識を忘れ、完全な責任逃れの言葉となっています。私は関係ないと言っているようですから、お客はよけい怒ります。詫び言葉でお客の気持ちを静めます。

イ：店にいる者の責任は自分の責任と同じです。どのような時も逃げずに関わらなければなりません。

ウ：常にお客の気持ちを共有する姿勢がなくてはいけません。共感の言葉を出すことでお客の気持ちも落ち着きます。

（この項続く）

67 靴がなくなる③

d接「どうしろと言われても……」
e接「じゃー、このサンダル使ってください」

↓

「前に靴を間違えて帰られたお客さまも、必ず後日、問い合わせがありました。今日のところは、替わりの靴を使っていただいて、お客さまのお名前、ご住所、電話番号をお聞きして、問い合わせがあった時にお知らせする形でいかがでしょうか、申しわけありません」

ア：靴がなくて困っているお客に、いままでの経験を具体的に話し、安心させることが必要です。不安になる言動を取ると、怒りがよけい大きくなります。

イ：お客がどこまで帰るのか、どのように帰ったらいいのか、今後の取るべき解決方法を具体的に説明し、話し合いの雰囲気で進めます。

ウ：押しつけては反発を食います。常に話し合いの姿勢で事を進めるのが、お客の心理を考えた対処法なのです。一緒に考え、解決案を一緒に選ばなければ本当の納得は得られません。

エ：スーツを来ている人にサンダルを勧めたら失礼でしょう。どういう形で現在の不満を取り除くのか、誤解なく正確に理解してもらえるように説明しなければなりません。

④対応の留意点

ア：もし出てこなかったらどうすると言われたら、対応を明言しないことです。あくまでもその時点ではいい形で解決する（靴が出てくる）と一緒に思うようにしましょう。

イ：最悪の時（靴が出てこない場合）は、時間をおいてお客が冷静な時に再度相談し、店のルールに則って対処します。法外な要求をするお客には毅然たる態度で望みます。

イ：どこまで責任を持つのか、店や会社の考え方によって違います。対応法はひとつではないのです。店や会社に応じて何通りもあります。

68 融通がきかない接客者①

①過去のクレーム例

和食の店でメニューを見ながらのオーダー時。

客「穴子の石焼き料理（単品）を注文したいから、穴子セット（鍋、薄造り、蒸し焼き）の鍋と変えて貰えないかな？」

a接「石焼料理は単品料理でセットに入っていないので変えることはできないです」

客「だけど、前に来た時、女将が調理場に話をつけると言って変えてくれたよ」

b接「でも穴子セットは、鍋、薄造り、蒸し焼きの料理だと言われてますから」

客「君はお客の身になって考えないから、そんなこと言うんだよ」

c接「そんなこと言われたって、私には勝手にセット内容を変える権限はないですよ」

客「君じゃ話にならないから、女将、呼んでよ」

d接「今日はお休みをいただいております」

客「融通が効かないな。もう料理はいらないよ」

e接「じゃー、お飲み物だけですね。お通しは付きますよ」

客「分かっているよ」

②　クレーム対応のポイントで分析

a接「石焼料理は単品料理でセットに入っていないので変えることはできないです」
ア：①詫び言葉がない　イ：④言葉の工夫（否定語、立場）
b接「でも穴子セットは、鍋、薄造り、蒸し焼きの料理だと言われてますから」
ア：①詫び言葉がない　イ：④言葉の工夫（共感、立場）
ウ：⑥具体的な説明
c接「そんなこと言われたって、私には勝手にセット内容を変える権限はないですよ」
ア：③ともに解決案　イ：④言葉の工夫（価値、立場、共感）
ウ：⑥具体的な説明
d接「今日はお休みをいただいております」
ア：①詫び言葉がない。　イ：③ともに解決案
ウ：⑤態度と行動に注意
e接「じゃー、お飲み物だけですね。お通しは付きますよ」
ア：④言葉の工夫（価値、立場）　イ：⑤態度と行動に注意

（この項続く）

69 融通のきかない接客者②

③足りないポイントを言葉で表現する

a 接「石焼料理は単品料理でセットに入っていないので、変えることはできないです」

↓

「申しわけありません、石焼き料理がセットに入っていると良いのですが、単品料理としてご注文いただけませんか?」

ア：お客の希望に叶わないのでお詫びの言葉が必要です。

イ：否定語は余計、お客の気持ちを不快にします。受け入れ法を活用します。

ウ：店の考えを押しつけているように感じます。依頼形話法にします。

b 接「でも穴子セットは、鍋、薄造り、蒸し焼きの料理だと言われてますから」

↓

「申しわけありません、確かに穴子の石焼きはおいしいですよね。ただ穴子を代表的な料理方法でいろいろ味を楽しんでいただこうと鍋、薄造り、蒸し焼きのセットにしました。お鍋はお野菜も召し上がれますし、いかがですか?」

ア：気持ちよくセットを受け入れてもらうためには、お詫びの言葉で気持ちを和らげる。
イ：鍋、薄造り、蒸し焼きの3種類がセットになっている良さを具体的に説明する。
ウ：共感の言葉を遣い、お客に無理矢理に押しつけている感じにしない。

c 接「そんなこと言われたって、私には勝手にセット内容を変える権限はないですよ」
↓
「お客さまはとても石焼き料理がお好きなのですね。よく分かります。私もお鍋と変更したいのですが、私の一存では決めかねますので、調理場と相談してまいりますがよろしいでしょうか？　少しお時間をいただけますか？」
ア：お客の価値を上げるために共感の言葉が有効です。
イ：勝手に決めることができない立場であることを説明します。
ウ：押しつけた解決案にならないように、話し合いの雰囲気にします。

（この項続く）

70　融通の利かない接客者③

d接「今日はお休みをいただいております」 ←

お客が厨房に聞かずに女将に聞くように言った場合
「申しわけありません。本日はお休みをいただいております。いかがいたしましょうか?」
ア：お客の意図と違う場合は、お詫びの言葉が必要です。
イ：あくまでも話し合いの雰囲気が大事です。

お客が厨房に聞くように言った場合
「かしこまりました、急いで聞いてまいりますので少々お待ち下さい」
ア：お客の意図に沿うよう努力していることを感じてもらう言葉を遣いましょう。
イ：素早く聞きにいく行動が重要。

e接「じゃー、お飲み物だけですね。お通しは付きますよ」 ←

お客様の要望に
こたえるためには
・・・・・・
穴子セットの鍋を
穴子の石焼きの単品と
変えてくれないかい？
MENU

「かしこまりました。すぐにお持ちいたします」

ア：料理を頼まない嫌な客と思っているように感じられる言葉は気をつけましょう。

イ：常連客でお通しがつくことは分かっています。余計なことは言わない方がいいでしょう。

ウ：素早い行動でお客の不快感を取り除きます。

④対応の留意点

ア：常連客であるから、いままでのつき合いの程度を知っている接客者に相談することが重要です。

イ：お客の要望をすぐに否定すると、不満に感じるものです。要望に叶うためにはどうしたら良いか考えて対応しましょう。

71 ゴキブリの進入①

①過去のクレーム例

あるレストランに二人連れが入りました。席について注文をした後、話していると、壁に這っているゴキブリが目に止まりました。

客「あっ、ゴキブリじゃない？」
a接「あれっ、そうですね」
客「いやだ、気持ち悪い！」
b接「外から入って来たんですよ。ドアが開きますから」
客「そんなわけないじゃない。私たちと一緒に入って来たって言うの？」
c接「そうかもしれません」
客「そんなことないでしょ」
d接「何とかしましょう」。殺虫剤をシューとかける。
客「何やっているの、食事をするのに！」
e接「あっ、そうでしたね」
客「食べる気なくなった。何ていう接客なんだ」

②クレーム対応のポイントで分析

a 接「あれっ、そうですね」
ア：①詫び言葉がない　イ：④言葉の工夫（価値、立場）
ウ：⑤態度と行動に注意
b 接「外から入って来たんですよ。ドアが開きますから」
ア：①詫び言葉がない　イ：④言葉の工夫（価値、立場）
ウ：⑥具体的な説明
c 接「そうかもしれません」
ア：①詫び言葉がない　イ：④言葉の工夫（価値、立場）
ウ：③ともに解決案
d 接「何とかしましょう」殺虫剤をシューとかける。
ア：①詫び言葉がない　イ：④言葉の工夫（価値、立場）
ウ：③ともに解決案
e 接「あっ、そうでしたね」
ア：①詫び言葉がない　イ：④言葉の工夫（価値、立場）

（この項続く）

72 ゴキブリの進入②

③足りないポイントを言葉で表現する

a 接「あれっ、そうですね」

←

「申しわけありません。すぐに対応いたします」

ア：気分の悪いものを目にしたのですから、まず徹底的に詫びなければなりません。その状況をすぐ確認して、最適な方法で対応しなければなりません。

イ：スピードが大事です。すぐに排除する行動を起こします。

ウ：対応方法の選択をします。床や壁ならばすぐに捕まえます。使用しているテーブルで発見した場合はつぶさずに捕まえます。料理が出ている場合は、料理を作り直します。

b 接「外から入って来たんですよ。ドアが開きますから」

←

「申しわけありません。厨房は掃除が行き届いておりますので、いないと思うのですが、外からやって来たのかも知れません。申しわけありませんでした」

ア：事情説明は、言い方を工夫しないと余計に、お客の感情を害する可能性があります。たとえ事実であっても、事例のようにお客と関連のあることを話すと、お客が原因に関係があると誤解して、余計に怒りを大きくする場合があります。

イ：無意味な説明は、言いわけに聞こえる場合があるので控えます。

ウ：どのような理由にしろ、詫びることを徹底的に行ないます。

c接「そうかもしれません」

d接「何とかしましょう」。殺虫剤をシューとかける。

↓

「申しわけありませんでした。すぐに他の席をご用意いたします。よろしいでしょうか」

ア：殺虫剤は無香性のものでも、噴霧すると匂いが残ると勝手に想像され、あるいは、薬品が周りに広がり、料理やテーブルにかかり健康に害するのではと思われます。良かれと思っても、どのようにお客が感じるかは分かりません。気をつけましょう。

イ：その後、気分よく召し上がっていただくために、テーブルを変えるなどの工夫が必要です。

ウ：見ただけでも、気持ち悪さは残ります。不快感をもたらせたお詫びの気持ちとして、何かサービス品の提供などの配慮を考えます。

（この項続く）

73 ゴキブリの進入③

e接「あっ、そうでしたね」
↓
「申しわけありませんでした。今後このようなことが起きないように注意いたします」

ア：ゴキブリを見ただけで店全体が不潔な印象を持たれます。もう二度と来ないと思うお客もいるかもしれません。店に対するイメージダウンは測りしれません。その時のお客の気持ちが、「日頃きちんと清潔にしているけど、たまたま今回はゴキブリが出た」と思われるように、日頃の店の衛生管理が大切です。

④対応の留意点

ア：ゴキブリは黄色ブドウ球菌、サルモネラ菌などの病原菌を持つ大変危険な害虫です。暗く湿った場所、暖かく狭い場所を好みます。何でも食べますから、適した環境であれば巣を作り、増え続けてゆきます。ゴキブリに対して敏感に拒否反応を持ちましょう。

イ：駆除専門業者に任せているから安心ではなく、接客者全員が清潔な店を意識します。

ウ：対策としては、店に入れない、水・餌のない環境、巣を作らせないことです。店全体で

真剣に管理しなければ、それがたまたま調理中に料理に入り、異物混入のクレームにつながる惧れもあります。

エ：侵入経路として多いのは排水溝。換気扇の隙間や空調機などから侵入する場合もありますから、隙間がないように工夫しましょう。

オ：水・餌のない環境をつくります。厨房機器周辺を日頃から清掃、整理整頓に心がけ清潔に保つ習慣をつくります。生ゴミは口を閉じて屋外に出す。床の食べこぼしの汚れがないようにする。また、水周りなど夜間は乾燥させておきましょう。

カ：観葉植物も要注意です。巣になったり、土に産卵したりすることもあります。段ボールや新聞紙も放置してはいけません。湿っていたら、簡単に巣を作ってしまいます。

74 お客の持ち物を接客者が壊した①

①過去のクレーム例

前日に来店したお客から、店長に電話がかかりました

客「昨日ね、そちらでレジカウンターからバッグ落とされたんだけど、中に入っていた時計が壊れたのよ」

a店「はー、どういうことでしょうか」

客「だから、そちらの従業員の人がバッグを落としたのよ。それで中に入っていた時計が壊れたのよ。壊れた時計を弁償してよ」

b店「私は聞いていないのですが。弁償といっても、その時に本当に壊れたのですか」

客「そうよ、その後に使おうと思ったらおかしくなっていたんだから」

c店「落とされた時に、お確かめにならなかったのですか」

客「バッグの中なんか見なかったもの」

d店「じゃー、うちで壊れたか他の原因で壊れたか分からないですよね」

客「絶対、あの時以外は考えられないんだから、ガタガタ言わないで弁償してよね」

e店「急にうちの接客者が壊したと言われても確認いたしませんと」

客「なによ、疑うの。いい加減ね、ならいいわよ、訴えてやる」

②クレーム対応のポイントで分析

a店「はー、どういうことでしょうか」

ア：①詫び言葉がない　イ：④言葉の工夫（価値）

b店「私は聞いていないのですが。弁償といっても、その時に本当に壊れたのですか」

ア：①詫び言葉がない　イ②相手に話をさせる

イ：④言葉の工夫（立場、価値、共感）

c店「落とされた時に、お確かめにならなかったのですか」

ア：②相手に話をさせる　イ：④言葉の工夫（価値、共感）

d店「じゃー、うちで壊れたか他の原因で壊れたか分からないですよね」

ア：③ともに解決案　イ：④言葉の工夫（立場、共感の言葉）

ウ：⑥具体的な説明

e店「急にうちの接客者が壊したと言われても確認いたしませんと」

ア：①詫び言葉がない　イ：③具体的な説明　ウ：④言葉の工夫（立場）

エ：⑦タイミングの工夫

（この項続く）

75 お客の持ち物を接客者が壊した②

③足りないポイントを言葉で表現する

a店「はー、どういうことでしょうか」

↓

「申しわけありません、私、店長の○○と申しますが、恐れ入りますが、お客さまのお名前と連絡先を教えていただけますか?」

ア:お客の不快感を取り除くためにも、まずお詫びの言葉を言いましょう。

イ:自分の名前を名乗り、責任を持って対応することを知らせましょう。

ウ:話の途中で電話が切れて連絡がつかなくなることを防ぐため、すぐに名前と連絡先を聞きましょう。

b店「私は聞いていないのですが。弁償といっても、その時に本当に壊れたのですか」

↓

「申しわけありません。大事な時計でしたのに、恐れ入りますが、事情をお聞かせいただけますか? いつ頃、どこでバッグがどんな状況で落ちたのか、詳しく教えていただけますか?」

ア：店内で時計が壊れたと感情的になっているお客の気持ちを和らげるために、お詫びの言葉を言いましょう。

イ：店内で起きた出来事を店長が把握してないのは問題です。聞いていないなどと言うのは無責任だと思われます。店内の出来事は必ず、すべて記録に残す習慣にします。

ウ：共感の言葉でお客の時計を価値づけ、怒りを和らげましょう。

エ：状況を詳しく聞くことで、その時の状況をはっきり思い出してもらいます。お客にも落ち度がなかったか考えてもらえます。

c店「落とされた時に、お確かめにならなかったのですか」
←
「時計が動かなくて驚かれましたよね。落とされた直後はいかがでしたか？　もう動いていませんでしたか？　その後、時計をご覧になりませんでしたか？」

ア：共感の言葉で、自分の気持ちが分かってもらえ、感情を少し鎮めることができます。店内で落としたことで壊れたのか、他に原因がなかったか考えてもらえます。

イ：接客者が落とした直後に正常か確認することで後日、クレームになることが抑えられます。

（この項続く）

76 お客の持ち物を接客者が壊した③

d店「じゃー、うちで壊れたか他の原因で壊れたか分からないですよね」

↓

「そうですよね、楽しい時に確かめることはしませんよね。いま、時計はショックにだいぶ強くなってはいるのですが、落とされた以外に思い当たることはありませんか？　いかがでしょうか？」

ア：共感の言葉により、確認しなかったことに対し非難に感じられず、怒りを大きくすることを防げます。

イ：具体的な説明をすることで客観的に考えてもらえます。

ウ：他に原因があるのかどうか、話し合いの雰囲気で探りましょう。

e店「急にうちの接客者が壊したと言われても確認いたしませんと」

↓

「申しわけありません。いろいろ状況をうかがいたいので、こちらからすぐにお電話をかけ直しますが、よろしいでしょうか」

ア：感情を鎮めるために何度でもお詫びの言葉は有効です。

イ：電話をかけ直すことで、接客者に確認を取ることができます。

ウ：「確認する」という言葉を使うと、状況によっては疑っているように取られて、怒りを大きくします。

④対応の留意点

ア：損害賠償額を算定する時は、お客にも落ち度があれば額が考慮されます。

イ：修理できるものは修理が基本。修理明細書・領収書と引き換えに修理代金を支払います。修理内容が合わない時は、毅然たる態度で修理代は払いません。

77　お客の忘れ物を紛失①

①過去のクレーム例

営業の仕事で毎日忙しく働いている女性が、昼食を取りにレストランに入りました。その日はたまたま荷物が多かったのです。時間がなかったので大急ぎで食事を済ませ、急いで会社にもどりました。夕方になり紙袋を忘れているのに気がつき、すぐに電話をしました。

客「お昼に食事をした者ですが、バックの忘れ物がありませんでしたか」

a接「ありませんよ」

客「カウンターで食事をし、荷物を隣の椅子において、紙袋をカウンターの下の棚に置いたんです。それを忘れたみたいなのですけど。他の人に聞いてもらえませんか」

b接「ちょっと待ってください。……あるみたいですね」

客「良かった、中に紙袋に入った決算書類と包装している商品があると思うんですけど」

c接「えーと、紙袋の中に○○株式会社の25期の決算書類ですね、ありますし、えーと何かな、機械のカタログですね、それにチャックの付いたペン入れですね。中にはボールペンが1、2、あっ3本あります。包装されている商品はないですね」

客「そんなわけないでしょ。友人へのプレゼントなのよ」。怒り出す。

d接「勘違いではありませんか。ないものはないですよ」

②クレーム対応のポイントで分析

a接「ありませんよ」

ア：②相手に話をさせる　イ④言葉の工夫（否定語、共感）

b接「ちょっと待ってください。……あるみたいですね」

ア：②相手に話をさせる　イ：④言葉の工夫（立場、共感）

ウ：⑤態度と行動に注意

c接「えーと、紙袋の中に○○株式会社の25期の決算書類ですね、ありますし、えーと何かな、機械のカタログですね、それにチャックの付いたペン入れですね。中にはボールペンが1、2、あっ3本あります。包装されてる商品はないですね」

ア：②相手に話をさせる　イ：④言葉の工夫（立場）

ウ：⑤態度と行動に注意　エ：⑦タイミングの工夫

d接「勘違いではありませんか。ないものはないですよ」

ア：①詫び言葉がない　イ：③ともに解決案

ウ：言葉の工夫（価値、立場）　エ：⑥具体的な説明

（この項続く）

78 お客の忘れ物を紛失②

③足りないポイントを言葉で表現する

a 接「ありませんよ」
　　↓
「いつもありがとうございます。お客さま、何時ごろ、どのあたりの席でお食事をなさいましたか」

ア：忘れ物がないか不安になっているお客にかける言葉では、まず探す姿勢が大切です。そのために、忘れ物を置いた状況を具体的に聞きます。

イ：探したが、ない場合は、出てくる可能性を示し、連絡先を聞きます。

「その辺りをくまなく探したのですが、ありませんでした。もしかしたら間違って持ち帰ったお客さまがいるかもしれません。後日、連絡がありましたら、お客さまにお知らせいたします。お手数ですが、お名前と電話番号を教えていただけますか」

ウ：お客から預かり、紛失した場合以外は、原則的に弁償義務はありませんが、お客への誠実な態度と言葉遣いを工夫しないと店の信用を落とします。

b接「ちょっと待ってください。……あるみたいですね」
←
「お客さま、ありました。カウンターの端の席で、下の棚に置いてあった黄色い紙袋ですね。見つかって良かったですね」

ア：忘れ物が見つかった時は、一緒に喜ぶ共感の言葉が大切です。
イ：必ず忘れ物と合致しているか確認します。

c接「えーと、紙袋の中に○○株式会社の25期の決算書類ですね、ありますし、えーと何かな、機械のカタログですね、それにチャックの付いたペン入れですね。中にはボールペンが1、2、あっ3本あります。包装されてる商品はないですね」
←
「中を確認してよろしいですか。決算書類とペン入れとカタログがあります」

ア：勝手に開けて、中味を雑に確認している印象を与えてはいけません。必ずお客に許可を得ます。それがきちっと対応している証拠になります。

（この項続く）

79 お客の忘れ物を紛失③

d接「勘違いではありませんか。ないものはないですよ。」

↓

「誠に申しわけありません。確認しましたところ、包装されている商品は見当たらないのですが。もう一度、商品購入後の行動を思い出していただけませんでしょうか」

ア：お客を疑ったり、店側の主張を押しつけたりしません。話し合いの雰囲気で思い出してもらわなければなりません。

④対応の留意点

ア：忘れ物の管理をするには、まず忘れ物の記録を残します。忘れ物ノートなどをつくり、発見した日にち、時間、忘れ物の置かれていた場所、忘れ物の種類、形、大きさ、色、発見者の名前を書き留めます。連絡があった時に、すぐ確認できるように、または紛失しないように、所定の位置に保管場所を決めておきます。記録に間違いがないか、他の接客者にチェックしてもらいましょう。

イ：中身を確認する場合は、必ず二人で確認しましょう。中味が足りないなど、何か問題が

あった時に疑われないために必要です。

ウ：携帯電話、パソコン、ゲーム機など、機械物は絶対に勝手に動かしてはいけません。動かすことにより壊れたり、データ紛失など、問題が大きくなる可能性があります。

エ：いまはデジカメや携帯のカメラ機能など、写真として簡単に取れますので、活用してファイルとして保存すると便利です。

オ：お金や貴金属などの忘れ物、および貴重品と判断できるものは保管日数を決め、それを過ぎたら警察に届けます。

カ：忘れたお客が分かり、忘れ物をそのお客に返す時は、必ず本人と確認できる資料（運転免許証や保険証）を提示してもらいます。

80　非常識なお客への対応①

①過去のクレーム例

高速道路のサービスエリアの駐車場。広い駐車場に車がほとんど止まっていませんでした。

客「あー、車が全然、止まっていないじゃない。ちょうどいいわ、ルンおいで、リード外してあげるね」

a接「ダメダメ、なにやってるんだ、早く出て行け！」

客「何よ、他に車がほとんどないんだからいいじゃない」

b接「駄目だよ、ここは犬を遊ばせるところではないから、出ていけよ」

客「いいじゃない、喜んで遊んでるじゃない」

c接「他のお客さまの迷惑になるから」

客「喜んで走っているだけじゃない、迷惑なんかかけていないわよ」

d接「犬は繋がなければ駄目なの、常識だよ」

客「狭い車の中に長い間、いたんだから可哀想でしょう」

e接「駄目だと言ったら駄目なの！　分かんない人だなー」

客「おいで！　ルン！　いやな人だね、サービス悪いって電話してやろうね」

②クレームの対応のポイントで分析

ａ接「ダメダメ、なにやってるんだ、早く出て行け！」
ア：①詫び言葉がない　イ：④言葉の工夫（否定語、立場）
ウ：⑥具体的な説明
ｂ接「駄目だよ、ここは犬を遊ばせるところではないから、出ていけよ」
ア：④言葉の工夫がない（否定語、立場、共感）　イ：⑥具体的な説明
ｃ接「他のお客さまの迷惑になるから」
ア：①詫び言葉がない　イ：③ともに解決案
ウ：④言葉の工夫（価値、共感）
ｄ接「犬は繋がなければ駄目なの、常識だよ」
ア：③ともに解決案　イ：④言葉の工夫（否定語、価値）
ウ：⑥具体的な説明
ｅ接「駄目だと言ったら駄目なの！　分かんない人だなー」
ア：③ともに解決案　イ：④言葉の工夫（否定語、価値、共感）

（この項続く）

81 非常識なお客への対応②

③足りないポイントを言葉で表現する

a接「ダメダメ、なにやってるんだ、早く出て行け！」

↓

「申しわけありません、車が来ると危ないので、ワンちゃんは繋いでいただけますか」

ア：非常識なことをしているお客でも、意図と反する行動を指示するのですから、まずお詫びの言葉をかけて気分よく聞いてもらう努力をします。

イ：否定語はきつく感じ反発を買いやすいので、依頼形話法でお願いします。

ウ：指示する理由を分かるように説明します。

b接「駄目だよ、ここは犬を遊ばせるところではないから、出ていけよ」

↓

「確かにいま車は少ないですよね。でも、いつ猛スピードで車が来るかもしれませんので危ないですよ」

ア：共感の言葉で非難しているように感じさせない工夫をしましょう。

イ：自分のことを心配してくれていると感じるように話しましょう。

c 接「他のお客さまの迷惑になるから」

←

「申しわけありません、かわいいワンちゃんですよねー、楽しそうに走っていますね。でも車に跳ねられたら可哀想ではありませんか？」

ア：共感の言葉で犬を価値づけ、心を開かせます。

イ：危ない状態をイメージさせ、心配していることを印象づけましょう。

d 接「犬は繋がなければ駄目なの、常識だよ」

←

「考えられないような粗い運転の人がいるんですよ。いくら機敏なワンちゃんでも逃げられないかも知れませんよ。怖いですねー、繋いであげた方がいいと思いませんか？」

ア：他に、非常識な人がいるから気をつけた方が良いとアドバイスの形を取り、責めているように感じさせない工夫をしましょう。

イ：繋いでいた方が良いように考えさせる雰囲気にします。

（この項続く）

82 非常識なお客への対応③

e「駄目だと言ったら駄目なの！ 分かんない人だなー」

↓

「車の中に長くいると窮屈で可哀想ですが、車に跳ねられる方がもっと可愛そうではありませんか？」

ア：共感の言葉で親身に考えていると感じられます。

イ：不幸な状態を回避するように考えてもらいます。

ウ：あくまでも押しつけられている、指示されていると感じられないよう、話し合いの雰囲気をつくります。

④対応の留意点

ア：「非常識だ、悪い」と言われているように感じる言葉は遣いません。責めるような表現をすると、非常識な人は、自分中心に考えるので余計怒り、話は聞いてもらえない可能性があります。

イ：最初に話をして、自分勝手な人だと思ったら、話し方を変えます。相手にメリットがあ

るように持っていくことで聞いてもらえます。

ウ：「世の中には非常識な人がいるから気をつけた方が良いですよ」と、架空の第三者を想定することで、自分を気遣ってくれていると感じさせ、解決案を考慮してもらいやすくします。

エ：非常識な人ほど、自分はお客なのだという権利意識が強いものです。理屈で分かってもらおうとしても、自分勝手な屁理屈を言って聞く耳を持ちません。

オ：お客は神様だから非常識な人にも下手に出ようということではありません。勝手なお客と同じレベルになって争うより、気分よく協力してくれるよう対応することです。

83 接客者が外国人で意思の疎通ができない①

①過去のクレーム例

駅前で営業の居酒屋。アジア系の若い接客者が3人います。彼らはあまり日本語がうまくありません。笑顔も良く、一生懸命働いていますので主人も頼りにしています。

客「○○と○○と○○ね」
a接「はい」
b接「お待たせしました」
客「ちょっと、こんなの頼んでないよ。まーいいか、言葉分からないからしょうがないか」
c接「お待たせしました」
客「いい加減にしろよ、これも頼んでないだろ」
d接「これ言ったよ」
客「言ってないよ、何で日本語が通じないんだ」
e主「お客さん、我慢してくださいよ、一生懸命やっているんだから」
客「金払うのは俺たちだよ、間違いすぎるんだよ」
f主「そう言われても言葉を覚えるのが遅いんですよ」

②クレーム対応のポイントで分析

a接「はい」

ア：④言葉の工夫（立場）

bc接「お待たせしました」

ア：④言葉の工夫（立場）

d接「これ言ったよ」

ア：①詫び言葉がない　イ：②相手に話をさせる

ウ：④言葉の工夫（立場、価値）　エ：⑤態度と行動に注意

e主「お客さん、我慢してくださいよ、一生懸命やっているんだから」

ア：①詫び言葉がない　イ：②相手に話をさせる

ウ：④言葉の工夫（立場）　エ：⑥具体的な説明

f主「そう言われても言葉を覚えるのが遅いんですよ」

ア：①詫び言葉がない　イ：②相手に話をさせる）

ウ：④言葉の工夫（立場）　エ：⑥具体的な説明

（この項続く）

84 接客者が外国人で意思の疎通ができない②

③足りないポイントを言葉で表現する

a接「はい」

←

「はい、○○と○○と○○ですね」

ア：接客サービスは最低限のことを覚えれば、不満は出てきません。基本は、お客が希望した料理を希望通りに食べられ、気分の良い時間と思われることです。仮に接客者の理解力が不充分としても、お客の希望を叶えなければクレームになります。

イ：外国人だからしょうがないということはありません。まずは店で決められたマニュアル通りの対応を覚えてもらいます。聞く力が不十分なら、番号を言ってもらう、あるいは紙に書いてもらうなど工夫します（その場合、メニューに共通の通し番号をふって、それを書いてもらうのもいいでしょう）。

bc接「お待たせしました」

←

「お待たせしました。○○です」
ア：マニュアル通りに対応すれば、自然と料理名を口にする機会が多くなりますから、料理名も覚えやすくなります。

d 接「これ言ったよ」
↓
「すみません、注文した料理は何でしょうか。すぐにお持ちします」
ア：お客も数少ない間違いでしたら、ご愛嬌と許してくれるかもしれませんが、数が多くなると我慢も限界に達します。そうなる前に、たとえ文化の違いがあるとしても、日本でのサービスの考え方を教えることが必要です。
イ：何かあったら「すみません」という詫び言葉を使うことを習慣づけることは、効果があります。イライラさせる可能性が多くある店では、自分から「すみません」というクッション言葉を遣うと、そのイライラを吸収してくれる力があります。
ウ：アジア系のA君、まだ日本語が良く理解できませんが、「すみません、ちょっといいですか」「すみません、ここに置きます」「すみません、何ですか」と、クッション言葉を多用します。その言葉と笑顔のおかげでファンも多くクレームも少ないようです。（この項続く）

85 接客者が外国人で意思の疎通ができない③

e主「お客さん、我慢してくださいよ、一生懸命やっているんだから」
↓
「申しわけありません、私の教育が行き届かないためにご迷惑をおかけしました。他にも何かありましたか。指導していきますので、よろしくお願いいたします」
ア：言葉が通じなくて迷惑をかけているのですから、その分は店主がフォローしなければなりません。
イ：お客に「我慢しろ、一生懸命やっている」という言葉は禁句。外国人でも特別ではありません。店のスタッフです。店の立場だけを考えた表現はお客の怒りを大きくします。

f主「そう言われても言葉を覚えるのが遅いんですよ」
↓
「次回までには少し成長していると思います。また、何かありましたらご指摘いただけますか。ご指摘が成長の種になりますから。申しわけありませんでした」
ア：言いわけをしていたら、いくらでも出てきます。言いわけを探すのではなく、よりお客

との関係を良くするにはどうしたらいいかと考えます。

④対応の留意点

ア：「外国人だから考え方が違う」という思考法は、いまでは古いと言えます。年代別の価値観が多様化している今日、同じ日本人でも、歳が離れれば信じられないような考えを持っています。要は、その外国人接客者とお客に対する考え方を同じにすることが大切です。

イ：時間が経てば言葉もどんどん覚えてきます。その間に接客の考え方を地道に覚えてもらえば、大きな力になります。店主のリーダーシップが重要になってきます。日頃から会話を多く行ない、お互いを理解しあうことが必要です。

86 料理の味がおかしい①

①過去のクレーム例

お通しの煮物を食べたお客が、不審そうな顔をして接客者を呼びました。

客「食べちゃったんだけど、この煮物、味がおかしいんじゃない、変だよ」

a接「私が作ったんじゃないから、分かりません」

客「あんたが作ったって言ってないでしょ。味が変だって言ってるんだよ」

b接「うちの店は悪くなってる物は出しませんよ」

客「においも変なように思うけどなー」

c接「そうですか、他のお客さまはそんなこと、誰も言ってませんよ」

客「でもおかしいもの、どうするんだ」

d接「でも、お客さま、食べちゃったんでしょ。それでおかしいと言われても」

客「いい加減な店だなー」

②クレーム対応のポイントで分析

ａ接「私が作ったんじゃないから、分かりません」

ア：①詫び言葉がない　イ：②相手に話をさせる

ウ：④言葉の工夫（立場、否定語）

ｂ接「うちの店は悪くなってる物は出しませんよ」

ア：①詫び言葉がない　イ：④言葉の工夫（価値、否定語）

ウ：⑤態度と行動に注意

ｃ接「そうですか、他のお客さまはそんなこと、誰も言ってませんよ」

ア：①詫び言葉がない　イ：④言葉の工夫（価値、立場）

ウ：⑤態度と行動に注意　エ：⑥具体的に説明

ｄ接「でも、お客さま、食べちゃったんでしょ。それでおかしいと言われても」

ア：④言葉の工夫（価値、立場）　イ：⑥具体的な説明

（この項続く）

87 料理の味がおかしい②

③足りないポイントを言葉で表現する

a 接「私が作ったんじゃないから、分かりません」

↓

「申しわけありません、どのようなお味がしたのでしょうか？」

ア：お客が不愉快な思いをしていることに対し、お詫びの言葉が大事です。

イ：「おかしい」「変」とは、どのような味の具合なのか、詳しく聞かなくてはいけません。

ウ：自分が調理人かどうかは、お客には関係ありません。店の代表としてお客の不快の原因を真摯に受け止めましょう。

b 接「うちの店は悪くなってる物は出しませんよ」

↓

「それは申しわけありません。ご意見ありがとうございます。すぐに調べてまいりますので少々、お待ちいただけますか？」

ア：不快に思うものを食べたと思う不安な気持ちに対して、お詫びの言葉で気持ちを鎮めることが必要です。

イ：わざわざ注意してくれたことに対して、感謝の言葉で素直に受け止めていることを伝えます。

ウ：お客の言葉を認めたくない、ごまかそうとすると余計、お客の怒りを買います。

エ：お客の不安な気持ちを取り除くために、大丈夫だと自信があっても、すぐに調べるようにしましょう。

オ：調べた結果を伝えるのに「お待ちください」と命令しているように取られないよう、命令形言い換え話法で依頼形にします。

カ：機敏な行動で調理場に行きましょう。行動から真剣さが伝わります。

c 接「そうですか、他のお客さまはそんなこと、誰も言ってませんよ」
↓
「只今、料理長と一緒に調べてみました。確かにご指摘の味がしましたが、この料理の味つけから来るものでした。ご安心ください。お客さまは舌が肥えていらっしゃるので、お気に召さない味つけだったのかも知れません。申しわけありませんでした」

（この項続く）

88 料理の味がおかしい③

ア：料理長と調べ、確認することが重要です。
イ：一緒に調べたことをお客にも告げ、安全な物であることをより確かな情報として伝え、安心してもらいます。
ウ：お客が不審に思った味の理由は、納得のいくように詳しく説明します。
エ：お客の味覚が変だと聞こえないように、価値づける言葉を工夫します。
オ：不安な気持ちで報告を待たせたことにお詫びの言葉が必要です。

d接「でも、お客さま、食べちゃったんでしょ。それでおかしいと言われても」
↓
「作って時間が経っておりませんので、悪くなっていることはありません。どうぞ安心してお食事をお楽しみください。」
ア：お客の不安を取り除くために、安心の理由づけの説明をしましょう
イ：お客を疑うような言葉は、怒りを爆発させます。注意しましょう。
ウ：楽しい食事であることを言葉で印象づけます。

④ 対応の留意点

ア：お客の言葉を認めたくないという気持ちがあると、つい否定語が出やすいものです。苦情内容を素直に聞くことを心掛けましょう。

イ：不審感を持たれたことを消極的に捉えず、次回の来店をお願いしましょう。

ウ：調べた結果、お客の言う通りの場合は、お詫びの言葉とともにすぐに作り直すか、ワンランク上の料理を選んでもらいます。料金はいただきません。

エ：調理人がお詫びに出ていくことで、誠意ある態度と受け止めてもらえます。また、調理人も一層、責任を持って料理を作るようになります。

第5章

悪質なクレームの対処法

89 悪質なクレームへの対応

最近は、一般のお客もクレーマーを真似して悪質なクレームを言ってきたり、解決案を話し合う過程で、悪質なクレーマーと変わらないような要求をする人が多くなりました。

ある喫茶店で、接客者がお客の背広にコーヒーをかけてしまいました。急いで詫びながら、背広も丁寧に扱い、汚れを拭くようにしました。汚れも落ちたように見えたし、背広もそれほど高価には見えません。クリーニングに出してほしいとお願いしたのですが納得しません。大声で怒鳴り、自分の要求を主張します。「これは親父の形見の背広だ。洗濯されても、父との大事な思い出をぶち壊わされた。どうしてくれる。内ポケットに入っていた携帯電話もだめになった。新しいものと取り替えろ」と主張を譲りません。その後も話し合いを続けましたが、怒鳴り声はいつまでも続き、収拾がつかず、話し合いに疲れきり結局、15万円出せば許すという相手の要求を呑むことになりました。15万円も払わされたのに、こんな苦労が15万円で済めば安いものだ、とオーナーは自分を納得させて話していました。

また、ある中華料理店でのことです。午後3時頃の暇な時間帯で、店長が用事で外出しており、ホールは女性接客者二人だけになっていました。若い男女のペアがやってきました。その日は雨で、床が濡れていたようです。席に座ったペアはバックを床に置きました。食事が終わった後に、接客者を呼び、「床に置いたバックが濡れてしまった。どうしてくれる。これはブランド物だ。新しいものを弁償しろ」とすごい勢いで怒鳴りました。二人の女性接客者がおろおろしているところへ、店長が用事を早く済ませて帰ってきました。お客は、店長の帰りが早いのでびっくりした顔をしましたが、さらに、ちゃんと対応しないと消費者センターに言うぞと脅します。店長は詫びながら話し合いをして、バックも偽ブランド物と分かり、また駄目になるほど濡れていないことも確認しました。最終的に「分かりました。こちらから連絡しますので、お客さまのご住所とお名前、電話番号を教えていただけますか」と伝えると、何も要求せずに帰っていきました。

最初の事例では、法外な金額を取られてしまいました。二番目の事例では、金銭のやり取り、バックの交換もなくお客が帰りました。この二つの事例の差は、何でしょうか。悪質なクレーム対応へのノウハウを持っているかいないか、なのです。悪質なクレームほど担当者の精神的負担は大きなものです。できれば逃げ出したいと思います。そうすると、安易に金で解決できればと思いがちですが、金で解決すれば、また同じようなクレームが来るかもしれません。「あの店はカモだ」といううわさが拡がれば、それこそ毎日のように同じようなクレームが起こるかも知れません。それほど情報は伝わります。やはり、きちんと解決できる対応をするには、接客者全員が悪質クレーマーへの対応法を理解しなければなりません。

90 お客への対応の基本は同じ

あるケーキ店が年配の男性から電話で怒鳴り込まれました。

「昨日、イチゴのデコレーションケーキを孫の誕生日のお祝いに買ったんだけど、いつ作ったんだ。消費期限が切れてるんじゃないのか、スポンジケーキが硬くて、食べられたモンじゃない。孫もおいしくないと言って食べないじゃないか。イチゴも古いものじゃないのか。どうするんだ、あんなもの売って、すぐ引取りに来て金返せ」

電話を受けた店の接客者は、消費期限は守られているし、商品に異常はない。食べても問題ないことをいくら説明しても、聞く耳を持ちません。結局、話し合いの末、お詫びの品と返金することで解決しました。しかし、対応の最中、あのお客は悪質クレーマーだから気をつけなくてはと皆で考えたそうです。

確かにすごい勢いで怒鳴り込み、商品に問題がないのに、金を返せと言い、お詫びの品を求めるのは、常識のない人のように見えるかもしれません。しかし、クレームがあった時に、事情説明だけで、そのお客にとって世界で一番大事な孫に喜ばれると思い、買ったケーキを喜ばれなかった悲しさ、無念さを配慮する言葉の工夫がなかったから、その怒りは収まらずに無理難題を押しつけたかもしれません。

基本的にクレームを言ってくるお客の気持ちを正確に把握することは不可能です。悪質クレーマーだと思われる人でも、実はちょっとした言葉の行き違いから怒りが激しくなっているのかもしれません。クレームを言う人への対応はすべて、第3章で述べた心理に配慮した工夫が必要です。このお客は要求が多すぎるから悪質クレーマーだと早急に判断しないで、誰にでも同じ対応が大切です。クレームを言ってくる人の中で悪質クレーマーは、ほんの一握りに過ぎないという考え方が必要です。そうしないと普通のお客を悪質クレーマーにしてしまうこともあります。

たとえ悪質クレーマーに対する時でも、話し方、表現方法には気をつけなくてはなりません。現実に対応している担当者が、やくざのような乱暴な言い方をしている会話テープがインターネットを通して日本中に流されています。そのテープを聞いた人がどのような受け取り方をするか分かりません。こんな品のない人が対応している会社・店は、どうせお客を騙そうとしているんだろう、と勝手に悪く誤解されてしまっては困ります。

また、クレームを言う人も会話を録音しているかもしれません。不用意に言った言葉を言質としてとられ、相手に悪用されるかもしれません。クレーム対応の基本は、相手が誰でも、ミスがあったらお詫びをして、原状回復をし、それ以外の理由のない余計な金銭は絶対に払わない。この毅然とした態度が重要なのです。

91 毅然とした態度とは

毅然とした態度とは、すべてのお客に平等に対応することを原則として、できることはできる、できないことはできないと明確にすることです。お客に迷惑をかけたのであれば、迷惑をかけた部分の原状回復が原則です。それ以上の理由のない要求は、受け入れてはなりません。

その基準になるのが、事実確認・調査です。何かあったら事実を徹底的に調べ、突き止める姿勢が重要です。因果関係をはっきりさせることは、非があればその償いをし、非がなければ断固、要求を受けつけない、というように会社・店の対応が明確になります。店での提供商品が原因なのか、はっきりしない場合には、公的調査機関を活用することも必要になります。クレーマーに無駄な金は払わないが、調査には金を使うという考え方が大切です。

毅然とした態度を取るためにも、次のような心理的に有利な条件づくりをしましょう。

①相手を正確に理解します

相手の名前、住所を正確に聞きます。名乗らない場合は、毅然とした対応をすると、それだけで要求をやめる場合が多いようです。

②チームプレイ

後に内容に
誤解があると
いけませんので
録音をとらせて
いただきます
ピッ

相手の人数より多い複数人で対応する方が心理的な余裕ができます。また相手との長い電話を切る場合も、仲間に「緊急の電話が入りました」と言ってもらい、チームプレーで切ることができます。

③対応時間

始める前に「本日は1時間話し合いをさせていただきます」と、時間を区切ることも良いでしょう。またその場で回答をしないようにしましょう。

④会話の記録

記録を残すために必ずメモをとり、録音あるいは録画をします。

⑤詫び状を書かない

因果関係がはっきりせず、話がまとまらないうちは、安易に詫び状は書きません。

92 安心できる味方をつくる

いまはとても便利な時代です。何か分からないことがあれば、パソコンでインターネット検索をします。そうすると、ある程度必要な情報を探すことができます。パソコンはとても重宝で頼りになる機械です。頼りになるものがそばにあると心強いものです。

地方都市の喫茶店の若い女性オーナー。この店は昼、夕方の時間帯の食事メニューに人気があり、若いお客が多く集まる店でした。

ある時期から、人相の良くない若い男性二人組が出入りするようになりました。大声で乱暴な話をし気に入らないと、誰彼かまわず因縁を吹っかけます。夏のある日、常連の若い男性がサンダルでいつものように夕食を取りにやって来ました。慣れていますから、雑誌置き場に雑誌を取りに行ったり、トイレに行ったりするのに、サンダルの音がカランコロンとします。突然「てめー、うるせえ、こんなの履きやがって」と怒鳴り、ひと悶着ありました。

このようなことが度々あり、お客も遠ざかるようになり、困って、同じ商店街の同業者に相談したところ、警察に行くようにアドバイスされました。警察では、同じようなことが起きたら、その時点で電話するように言われ、実際に電話をしたら、すぐ対処してもらえ、その後、二人組は来なくなり、店は元のような雰囲気にもどりました。

クレーム対応は精神的に非常に辛い行為です。お客に怒鳴られ、過剰な要求をされ、それに対応するのですから、長引くと、精神的に追い詰められます。その時、自分に孤立感があると、気持ちが萎えてしまい、相手の言うなりになったり、あるいは逆切れして、極端な対応になる場合も多いものです。何かあった時に、自分の味方になってくれる人や組織を知っているだけで、自信を持って対応できます。また、その電話番号を記入した一覧表を作り、貼っておくことも緊急の対応に便利です。

①警察や暴力追放運動推進センターを活用する

困ったことは、警察に相談します。警察は民事不介入といわれますが、刑事事件になるかどうかも尋ねることで分かります。一般の人には敷居が高いと感じ、なかなか行きにくいかもしれませんが、積極的に顔を出すことも必要です。

各都道府県にある暴力追放運動推進センターは、暴力団などの反社会的勢力やクレーマーなどで困っている場合に無料で相談に乗ってくれます。また、資料の提供や、セミナーなどを開催しています。積極的に活用するといいでしょう。

②法律を知り、弁護士を活用する

小規模の店では、顧問弁護士など雇えませんが、会社・店が所属している組合や商工会議所など、関連組織には必ず顧問弁護士がいます。気軽に相談する姿勢が必要です。

93 怖いことは我慢せず怖いと表現する

相手の過剰要求と会社・店が対応できる解決案に開きがあった時には、その抑止力になるのが警察であり、法律です。ただし、民事事件は、人と人との間で起こるトラブルですから、警察は民事事件不介入で刑事事件しか扱いません。刑事事件は国の法律を犯す出来事です。どこまでが民事事件で、どこまでが刑事事件かなど、細かなところは専門家しか分かりません。一般の人が判断できる基準は、「怖くて困ったと感じたか否か」でしょう。怖いと思えば、クレーマーの言動が刑法に触れていると判断できるのではないでしょうか。また、怖くて困ったと思えば、気楽に警察に相談できるでしょう。

電話で対応していたり、面と向かって話している時も、「怖いことは怖い」と表現することです。変に強がって、怖くても我慢するという行為は、まだ脅しが足りないのかと思われて、かえってクレーマーが攻撃的になるかもしれません。そうすると、無理難題に対して返事をしなければならない状態に追い込まれ、余計な言葉を言ったり、余計な約束をしてしまうとも限りません。

毅然とした態度とは、「できることはできる、できないことはできない」を明確にすると述べましたが、「怖いことは怖い」とはっきり言えば、余計なことは言わなくてすみます。

　ある居酒屋で、飲んでいた年配の男性がかなり酔ってきたと思ったら突然、怒鳴りはじめました。

「おい、このお銚子はいつも飲んでいる酒と違うだろ」

「すみません、お客さま、いつもと同じ○○（銘柄）です」

「ふざけるな、違う、いつもより薄い、いつもはこんな味ではない」

　一生懸命説明しても聞いてくれません。連れのお客がなだめても言うことを聞きません。かなり体格の良い人で、立ち上がって怒鳴っていますから、ますます迫力があります。

　どんなに説明しても、分かってもらえず、話し合いを他のお客のいない場所でしたい旨を伝えたのですが、受け入れてくれません。そこで怖いことを訴えました。

「お客さま、申しわけありません、そのような勢いで話されると、怖くてどうしていいか分かりません」「怖くて震えが来ています。考えがまとまりません」などと、その状態が自分にとって怖いということをお客にはっきり訴えました。すると、怒っていたお客もだんだんトーンダウンしてきて、何とか怒りが収まったといいます。もし最終的に収まらない場合も「お客さま、とても怖くてしょうがありません。警察に連絡しますが、よろしいですね」と警察への通報を伝えます。

94 法律が根拠①

緊急連絡できる根拠となる法律を知ることは、大きな安心、心強い味方になります。ただし、受けた事例が法律に当てはまるかどうかの線引きは、警察、弁護士など専門家に相談しましょう。次にあげる関連法律は知っておくと良いでしょう。法律を知っているだけでも、何かあった時の対応が冷静にできます。

○住居侵入罪（不退去罪）
刑法１３０条　正当な理由がないのに、人の住居若しくは人の看守する邸宅、建造物若しくは艦船に侵入し、又は要求を受けたにもかかわらずこれらの場所から退去しなかった者は、３年以下の懲役又は10万円以下の罰金に処する。
活用例：来ることを断わったのに、店、事務所に押しかける。また帰るように伝えたのに長時間、居座るなど。

○傷害罪
刑法２０４条　人の身体を傷害した者は、15年以下の懲役又は50万円以下の罰金に処する。

活用例：当ってもかまわないと投げた茶碗、グラスの破片が身体に当たり、傷ついたなど。嫌がらせ電話をかけ続けて精神を衰弱させたケースも判例にある。

○暴行罪

刑法208条　暴行を加えた者が人を傷害するに至らなかった時は、2年以下の懲役若しくは30万円以下の罰金又は拘留若しくは科料に処する。

活用例：殴る、蹴るなど（暴力）がこれにあたり、胸ぐらをつかむ、首を絞める。怒鳴る。着衣を引っ張て振り回す、室内で日本刀を振り回すなどがある。その範囲はかなり広い。

95 法律が根拠②

○逮捕監禁罪

刑法220条　不法に人を逮捕し、又は監禁した者は、3月以上7年以下の懲役に処する。

活用例：相手の家、事務所に長時間、置かれて帰れない。

○脅迫罪

刑法222条　生命、身体、自由、名誉又は財産に対し害を加える旨を告知して人を脅迫した者は、2年以下の懲役又は30万円以下の罰金に処する。

2項　親族の生命、身体、自由、名誉又は財産に対し害を加える旨を告知して人を脅迫した者も、前項と同様とする。

活用例：「おまえにはかわいい娘がいる、どうなっても知らないぞ」「家に火をつけるぞ」と言われた。

○強要罪

刑法223条　生命、身体、自由、名誉若しくは財産に対し害を加える旨を告知して脅迫し、又は暴行を用いて、人に義務のないことを行わせ、又は権利の行使を妨害した者は、３年以下の懲役に処する。
２項　親族の生命、身体、自由、名誉又は財産に対し害を加える旨を告知して脅迫し、人に義務のないことを行わせ、又は権利の行使を妨害した者も、前項と同様とする。
活用例：「店やオーナーがどうなっても知らないぞ、いやなら念書を書け」と言われた。

○名誉棄損罪

刑法２３０条　公然と事実を摘示し、人の名誉を毀損した者は、その事実の有無にかかわらず、３年以下の懲役若しくは禁錮又は50万円以下の罰金に処する。
活用例：「あの店のオーナーは、女性従業員にすぐ手を出す、それで従業員が居つかない」と言われた。事実の有無、真偽を問わない。

○侮辱罪

刑法２３１条　事実を摘示しなくても、公然と人を侮辱した者は、拘留又は科料に処する。
活用例　：人前で「無能なやつ、そんな者はクビにしてやる」「何をやっても気が利かないな、この商売に向いてないぞ」と言われた。

96 法律が根拠③

○信用毀損罪

刑法233条　虚偽の風説を流布し、又は偽計を用いて、人の信用を毀損し、又はその業務を妨害した者は、3年以下の懲役又は50万円以下の罰金に処する。

活用例：「○○店は、賞味期限の切れた食材を使って料理を提供している」など、偽情報をネットやチラシなどを使って広めた。

○偽計業務妨害罪

刑法233条　虚偽の風説を流布し、又は偽計を用いて、人の信用を毀損し、又はその業務を妨害した者は、3年以下の懲役又は50万円以下の罰金に処する。

活用例：電話を何十回もかけて、意味不明なことを繰り返して長時間、電話がつながらないなど、目に見えない形で業務を妨害する。

○威力業務妨害罪

刑法234条　威力を用いて人の業務を妨害した者も、前条の例による。

活用例：食堂に蛇をばらまくなど、目に見える形で業務を妨害する。

○詐欺罪

刑法２４６条　人を欺いて財物を交付させた者は、10年以下の懲役に処する。

活用例：クレームをでっち上げて料金を無料にさせたり、慰謝料をだまし取る。

○恐喝罪

刑法２４９条　人を恐喝して財物を交付させた者は、10年以下の懲役に処する。

活用例：原因がないのに脅して、医療費、慰謝料をだまし取る。

○器物損壊罪

刑法２６１条　前３条に規定するもののほか、他人の物を損壊し、又は傷害した者は、３年以下の懲役又は30万円以下の罰金若しくは科料に処する。

活用例：店の備品などを壊したり、または動物を傷害する。

97 困った時の対応フレーズ①

クレーム対応は精神的に負担が大きいものです。ある種の対応フレーズを覚えておくと、精神的な負担を軽減することができます。

●もっと上の人間（役員・社長）を出せ
「お客さまへの対応は、私が担当として全権限を委ねられております」
・会社、店での責任者を決め責任者が対応。ただし、対応する時は複数で対応し、役割（メモ役、交渉役など）を分担します。

●店で（買ってきて家で）食べたら、体調を壊した、治療費をよこせ
●病院へのタクシーでの通院費用を出せ
「お客さまの調子はいかがですか。まずは病院へいらっしゃいましたか」「お医者さまは何とおっしゃいましたか」
・因果関係をはっきりさせます。まず病院へ行ってもらい、診断書、領収書を確認します。

●一口食べて腐っていた。代金と慰謝料を寄こせ

「残っている商品はありますか、恐れ入りますが着払いでお送りいただけますか。検査機関で商品の調査いたしますので」

・因果関係をはっきりさせます。必ず現物を確認してから、解決策を検討します。

●保険所・消費者センターに持ち込むぞ

「お願いいたします。公的機関による判断が出ましたら、そちらの指示に従いますので」

・公的機関の活用を恐れない。こちらから積極的に公的機関から逃げない姿勢を示します。

●新聞社に言うぞ、インターネットでばら撒くぞ

「お客さまの考えを止めることはできません。正確にお伝えください。ただし、内容が不正確な場合は、しかるべきところに相談して対処させていただきます」

・刑法２３３条に触れます。正々堂々と逃げない態度で対抗措置を取ることを伝えます。

98 困った時の対応フレーズ②

●誠意を見せろ

「お客さまのおっしゃる誠意とはどのようなことでしょうか。金品のことではないでしょうね」

・具体的に相手の要求を把握します。金品要求の言質を引き出せれば刑法２４９条に触れます。

●代品が少ない、これで済ますんじゃないだろうな

●他の店はもっとちゃんとやったぞ

「当店の基準により、いずれのお客さまにも平等の対応をさせていただいております」

・お客平等の原則を守る。どんなお客にもルールは崩さない。

●自宅に来なくて良い、駅前で会おう（自宅を教えない）

「お会いできない可能性があります。ご自宅以外では責任ある対応ができかねますので、ご住所を教えていただけますか」

・自宅を明らかにしないお客とは対応できないことを示します。

●大声を出して騒ぐお客。静かにするように頼んでも言うことを聞かない

「他のお客さまから注意されると困りますよね。静かにしていただけますか」。まだ止まない場合は、数分おきにお願いに行く。「他のお客さまとトラブルになっても困りますよね。静かにしていただけますか」。最終的には「周りのお客さまが楽しめません。これ以上静かにしていただけないのなら、警察に通報しますがよろしいですか」と伝える。

・段階的に注意して最終的な判断を下します。刑法２３４条に触れます。

・「他のお客さまが迷惑」は、怒りが増す言い方。そのお客にメリットがある内容で説得。

●俺たちを誰だか分かっているんだろうな、若い者が黙ってないぞ（反社会勢力）

「暴力を示されていると判断して、直ちに警察に通報します」

・毅然たる態度で対応します。刑法２４９条に触れます。

●うちの事務所に来い（反社会勢力）

「警察に相談しましたら、行かない方が良いと言われましたので、行けません」

・警察、弁護士などに相談していることを積極的に話して抑止力にします。

・怖いことを表現します。

99 入店拒否

会社・店は毎日、来店客が気分良く楽しい時間を過ごしてもらえるよう努力をしています。ただ、わずかな迷惑客のために、多くのお客が迷惑することがあります。

家族経営のある居酒屋は、常連客中心の店です。ある時期から年配の品の良い紳士が来るようになりました。1週間のうち3日くらい来ます。話を聞いてみると、企業を定年で退職し悠々自適の生活に入ったところでした。いつもカウンターに座って、店主や周りのお客と話をして2時間ほど飲んで帰ります。

このお客は、おとなしい性格ですが、飲むと人が変わります。部長職で退職したらしく、誰彼なく注意をするのです。そして人に対して見下げた言動を取ることもあるのです。接客に関しても理屈を語ります。また、細かな接客の対応にまで大声で文句を言います。挙句の果ては、あの人に関わりたくない、と接客者も寄り付きたがらないのです。また、常連客にも無礼な表現をしますから時々、喧嘩が起こり、皆で止めに入ることもありました。そんな状態でしたから、しばらくすると、常連客が来ても、店内を覗き、「あの人が居るなら帰る」と入って来ないようになりました。まさに営業妨害です。

このお客のために、他の常連客まで失ってしまうかもしれません。そこで店主は、このお

客の入店を拒否することを決断しました。家が近所でしたから、前もって休みに家に居ることを確認し、後で問題になった時も証人になるよう女将と二人で家に行き、事情を話しました。ＩＣレコーダーも胸ポケットに入れておいたそうです。店の接客者も、他のお客も迷惑していることを充分に説明し、いままでの利用のお礼を述べ、来店を遠慮してほしい旨、説明しました。

じっくりと時間をかけ事情を話しましたので、最初は「客の権利」を主張していましたが、今後は利用しないことを約束してくれました。酔っていない時の時間を見計らって話したこと、また、いままでの利用に関してお礼を述べたこと、同時に、迷惑していることを具体的に説明したために、お客の自尊心を傷つけることなく話を受け入れてくれたのでしょう。

他のお客に迷惑になるのでしたら、迷惑客の入店拒否を決断することも必要です。

100 幅広い情報を集めて

ある中華料理店の話です。この店は、テイクアウトで餃子を購入することができます。夕方の繁忙時間前に時折、来店し、餃子を購入するだけの年配者の女性がいます。近所のアパートに一人暮らしなのですが、この人がよくクレームをつけるのです。夕方の繁忙時間前に「家に帰って包みを開けたら、餃子に毛がついていた」「味がおかしい」「釣り銭が足りなかった」等々、頻繁にクレームをつけます。そのたびに店長が、そのお宅に出向きます。

家にうかがうと、「まず説明を聞きましょう」と言って、家に上げようとしますが、上がらず玄関で説明します。最初はものすごい勢いで怒るのですが、丁寧に説明をすると、納得してくれます。ただ、その後すぐ世間話になります。近所の噂話、自分の身の上、自分の子供への不満、孫の自慢等々。適当に話を聞いて、引き上げてきます。いつもこのような状態で、クレームを訴えられると、お客の家への往復と説明で、小一時間の無駄が出てしまいます。あまりにも回数が多く、業務に影響が多いので、そのお客の来店を断わろうかと思っていました。

ある日、新聞の記事が目に止まりました。お年寄りの一人暮らしの増加とその心理的葛藤が書いてありました。それを読んで、きっと寂しいから、クレームを口実に話す時間をつくっているると判断し、販売担当接客者にそのお客がきたら、接客者から声かけして短い時間、世間話をするように頼みました。繁忙時間前ですから、お客も少なく短時間の会話なら充分時間があります。それを続けたら、ぴたりとそのお客からのクレームはなくなりました。

クレームを訴えるお客は、いろいろな心理状態にあります。いまの時代、生活様式・生活意識が多様化していますので、店側の接客者の想像以上のことが起きます。また、社会問題になることが起きますと、その模倣犯も出てきます。問題になっている食材などに関して、詳しい内容の説明を求められ、答えられなければ信用をなくす場合もあります。

多方面にアンテナを張り巡らして、情報を収集します。いまはいろいろな方法で情報が集められます。①新聞、業界紙、組合の機関誌など②インターネット、メールマガジン③イベント・見本市などを活用すれば、いくらでも集まります。食品偽装、農薬問題、アレルギー問題など、世の中で問題になっている事柄、ニュース、また、業界特有のクレーム事例、解決法など、気になった事例を多く集めます。

その中から、店長あるいは担当者が必要な記事を選び、コピーして、目につくように更衣室、休憩室などに貼り出しましょう。重要な部分は線を引くなどすれば、ポイントだけでも理解できます。接客者全員で情報を共有化する仕組みをつくることにより、クレームの効果的な解決策が見つかるでしょう。

筆者プロフィール

小倉博行・宮崎恵子

経営コンサルタントとして活動していた小倉博行、声優として活動していた宮崎恵子がコミュニケーションセミナープロジェクトを共同で設立。経歴を生かし、コミュニケーションの視点で分析する独自の教育方法（OM方式）を開発。また、受講者と一体感をつくる独自の掛け合い講演方式を生み出し、異色で臨場感に溢れ理解が早いと評価を得ている。各業界で多くのサービスのプロを育成している。

具体的な活動としては、全国のホテル、飲食店、ショッピングセンター、高速道路の料金所・サービスエリアなどでの「接客・サービス」「クレーム対応」「接客・サービスの指導法」などのセミナー・講演活動、および指導活動を展開。その他、企業、各種団体、介護施設、および柴田書店主催のセミナーなどで活動。また、無料のメールマガジン「接客バンザイ」を月２回配信している。

著書に「なるほどと納得のいく飲食業の接客ポイント100」「リピート客を倍増させる飲食店接客法」「接客業スタッフ指導のコツ75」（すべて柴田書店刊）等がある。

コミュニケーションセミナープロジェクト
〒276-0046 千葉県八千代市大和田新田1098-9
tel 047-450-3126　fax 047-450-3128
http://www.ne.jp/asahi/csp/csp/
e-mail : csp@co.email.ne.jp

飲食業クレーム対応のコツ100

初版印刷　2009年２月１日
初版発行　2009年２月10日

著者©　小　倉　博　行（おぐら　ひろゆき）
　　　　宮　崎　恵　子（みやざき　けいこ）

発行者　土　肥　大　介

印刷所　株式会社暁印刷

製本所　大口製本印刷株式会社

ISBN　978-4-388-15316-9

発行所　〒113-8477 東京都文京区 湯島3-26-9 イヤサカビル　株式会社 柴　田　書　店

電話　書籍編集部　03-5816-8260
営業部　03-5816-8282（注文・問い合わせ）
URL　http://www.shibatashoten.co.jp
振替　00180-2-4515